I0013805

Khaled SELLAMI
Mohamed AHMED-NACER

modèle d'interopérabilité des fédérations de composants
logiciels

Khaled SELLAMI
Mohamed AHMED-NACER

modèle d'interopérabilité des fédérations de composants logiciels

vers un modèle de support d'interopérabilité dans les fédérations de composants logiciels

Éditions universitaires européennes

Mentions légales/ Imprint (applicable pour l'Allemagne seulement/ only for Germany)

Information bibliographique publiée par la Deutsche Nationalbibliothek: La Deutsche Nationalbibliothek inscrit cette publication à la Deutsche Nationalbibliografie; des données bibliographiques détaillées sont disponibles sur internet à l'adresse http://dnb.d-nb.de.
Toutes marques et noms de produits mentionnés dans ce livre demeurent sous la protection des marques, des marques déposées et des brevets, et sont des marques ou des marques déposées de leurs détenteurs respectifs. L'utilisation des marques, noms de produits, noms communs, noms commerciaux, descriptions de produits, etc, même sans qu'ils soient mentionnés de façon particulière dans ce livre ne signifie en aucune façon que ces noms peuvent être utilisés sans restriction à l'égard de la législation pour la protection des marques et des marques déposées et pourraient donc être utilisés par quiconque.

Photo de la couverture: www.ingimage.com

Editeur: Éditions universitaires européennes est une marque déposée de
Südwestdeutscher Verlag für Hochschulschriften GmbH & Co. KG
Dudweiler Landstr. 99, 66123 Sarrebruck, Allemagne
Téléphone +49 681 37 20 271-1, Fax +49 681 37 20 271-0
Email: info@editions-ue.com

Produit en Allemagne:
Schaltungsdienst Lange o.H.G., Berlin
Books on Demand GmbH, Norderstedt
Reha GmbH, Saarbrücken
Amazon Distribution GmbH, Leipzig
ISBN: 978-613-1-57458-0

Imprint (only for USA, GB)
Bibliographic information published by the Deutsche Nationalbibliothek: The Deutsche Nationalbibliothek lists this publication in the Deutsche Nationalbibliografie; detailed bibliographic data are available in the Internet at http://dnb.d-nb.de.
Any brand names and product names mentioned in this book are subject to trademark, brand or patent protection and are trademarks or registered trademarks of their respective holders. The use of brand names, product names, common names, trade names, product descriptions etc. even without a particular marking in this works is in no way to be construed to mean that such names may be regarded as unrestricted in respect of trademark and brand protection legislation and could thus be used by anyone.

Cover image: www.ingimage.com

Publisher: Éditions universitaires européennes is an imprint of the publishing house
Südwestdeutscher Verlag für Hochschulschriften GmbH & Co. KG
Dudweiler Landstr. 99, 66123 Saarbrücken, Germany
Phone +49 681 37 20 271-1, Fax +49 681 37 20 271-0
Email: info@editions-ue.com

Printed in the U.S.A.
Printed in the U.K. by (see last page)
ISBN: 978-613-1-57458-0

Remerciements

Je tiens à remercier toutes les personnes qui m'ont accompagné, soutenu et aidé tout au long de ces dernières années. C'est grâce à eux que je suis parvenu à la rédaction de ce mémoire et au bout de mon parcours universitaire.

Je remercie tout d'abord mon directeur de thèse Ahmed-Nacer Mohamed, qui m'a guidé et qui a su m'inculquer la rigueur scientifique nécessaire à l'aboutissement d'une thèse. Je le remercie tout particulièrement pour sa patience et son sens de la diplomatie qu'il a su habilement distiller dans les moments difficiles. Je remercie enfin les membres du jury qui m'ont fait l'honneur de le constituer.

Table des matières

Introduction

Parallèlement aux avancés technologiques et la démocratisation de l'outil informatique, apparaissent des applications informatiques de complexité croissante, et leurs réalisations nécessitent des investissements plus importants, ce qui ne cessent de préoccuper les compagnies de développement. Cette situation a permis l'éclosion de nombreux groupes de recherche pour mener des travaux qui se focalisent sur la problématique [Totland et Conradi 1995] :

- les collecticiels,
- les outils de workflow,
- le génie logiciel,
- l'ingénierie des systèmes d'information,
- la modélisation d'entreprise,
- la conception des organisations,
- l'ingénierie concurrente,
- les Environnements de Génie Logiciel Centrés Procédés.

Le nombre de travaux importants réalisé dans le domaine des procédés logiciel a effectivement conduit à la formulation de solutions spécifiques, mais n'a pas eu la crédibilité espérée auprès des compagnies de développement, faute de rare industrialisation de ces approches à cause de leurs complexité, de rigidité, de monolithisme, et de faible évolution des constituants dû à l'absence de mécanismes d'intégration d'outils logiciel existants du marché souvent hétérogènes et distribués,

Et pourtant peu d'études se sont intéressées à l'intégration par assemblage d'applications hétérogènes, malgré les technologies qui ont actuellement le vent en poupe tel que le domaine de l'intégration d'application d'entreprise, la coopération d'agents dans les systèmes multiagents, les bases de données fédérés, les outils workflow fédérés et les systèmes coopératif comme nous le verrons dans les chapitres suivants, ces dernières n'ont pas permis de couvrir l'étendu des besoins, pas plus qu'elles ne permettent de s'adapter aux changements.

Notre travail propose d'étudier les différentes approches réalisées pour résoudre le problème d'interopérabilité dans les fédérations des composants hétérogènes et distribuées pour le développement de logiciels.

L'idée de départ est de considérer que les applications logicielles de demain seront davantage des assemblages de composants logiciels déjà existants (prêts à l'emploi) aux seins des entreprises plutôt que de nouveaux produits issus de longs processus de développement. Nous partons du principe que la plupart des fonctionnalités requises existent déjà sous forme d'outils logiciels qu'il faut pouvoir intégrer.

L'objectif est de mettre en synergie des composants, des outils logiciels, pour permettre d'unifier les possibilités et les fonctionnalités des outils, et proposer un "tout" cohérent, aussi complet que possible au sein d'un système qui va permettre d'automatiser certaines tâches. La raison de la construction d'un tel système est de proposer aux utilisateurs une application (qui, par définition, propose un certain nombre de services), composée d'outils hétérogènes qui doivent interopérer, dont le fonctionnement soit comparable (en termes de services rendus aux utilisateurs) à une application logicielle classique. Le concept de fédération sera introduit car il est parfaitement adapté aux organisation d'outils que nous voulons étudier, et que nous allons par la suite l'appeler fédérations d'outils logiciels qui sera généralisé en méta fédération d'outil.

La problématique traitée dans ce travail résulte de l'étude menée au long de la thèse autour des approches à composants, et pour cette raison une place importante est consacrée à l'étude de ces approches. Ce document est structuré comme suit :

❑ Le chapitre 1 est un état de l'art des procédés logiciel, leurs supports appelés environnement de génie logiciel centré procédé que nous étudions particulièrement sous l'angle des fédérations.

❑ Le chapitre 2 présente une étude détaillée de l'approche à composants ainsi que les moyens et travaux connexes qui permettent de résoudre certains aspects de notre problématique. Cette étude présente les concepts principaux de l'approche à composant, suivis d'une description et comparaison d'un ensemble de modèles à composants (COM+, EJB, CCM).

❑ Le chapitre 3 porte sur notre proposition. L'approche que nous avons choisie pour construire des fédérations de fédérations d'outils,

Ce document se termine par une conclusion ainsi que les perspectives de ce travail.

Enfin une annexe traitant plus en détail les modèles à composants.

Chapitre 1

Etat de l'Art

Nous proposons dans ce chapitre un état de l'art sur les environnements centrés procédé logiciels. L'objectif est de discuter les limitations des systèmes actuels pour voir en quoi l'approche que nous proposons s'affranchit à certaines limitations présentées à la fin de ce chapitre.

I.1 Les procédés logiciels .

I.1.1 Introduction.

Avec l'arrivée des outils et d'environnements de génie logiciel, les technologies de processus logiciel ont connu des bouleversements considérables ces trente dernières années.

Bien avant, le phénomène :'' crise du logiciel'', précipita les choses en introduisant la discipline du génie logiciel [Sommerville 88]. L'objectif était d'améliorer la fabrication du logiciel que ce soit en terme de coût, de qualité, de délai, de productivité et de tous les paramètres entrant en jeu dans la chaîne de production des logiciels, ce qui conduit l'apparition du concept environnement de génie logiciel.

(Sommerville 88) définit un environnement de génie logiciel comme étant un ensemble intégré d'outils et de mécanismes permettant de supporter toutes les phases de développement du logiciel (analyse, conception, écriture de code, test,…etc.).

Afin de pourvoir à une demande toujours croissante, la recherche se rapportant au domaine des environnements de développement constitue un axe important, et une multitude d'approches et d'outils sont apparus dans les dernières années.

Parmi ces travaux on trouve les modèles de cycle de vie du logiciel, les environnements intégrés de génie logiciel, et les environnements centrés procédés logiciel[1].

I.1.2 Les procédés logiciels .

Par procédé logiciel, on entend la manière dont le développement de logiciel est organisé, contrôlé, mesuré, supporté et amélioré (indépendamment du type de support technologique utilisé dans le développement) au sein d'une entreprise [promoter1999].

Le procédé logiciel est considéré selon deux dimensions : *une dimension horizontale (Gestion des activités/produits, de la coopération, des interactions, …) et une dimension verticale* (analyse des besoins, conception, et implémentation) ce qui rend le procédé logiciel difficile à gérer [Amiour 1999].

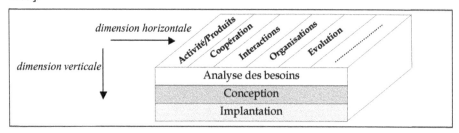

Figure I.1 : Les deux dimensions d'un procédé logiciel.

I.1.3 Les modèle de cycle de vie .

Ces modèles ont permis de mieux comprendre le procédé logiciel par la description des activités abstraites et de leurs ordonnancement, et c'est sans doute (Royce 1970) qui, le premier à proposer un modèle de cycle de vie, depuis de nombreuse amélioration et modification y sont apportées [Boehm 86].

---

(1) Dans ce rapport on utilisera l'expressions :"environnement de génie logiciel centré procédés (EGLCP)" au lieu de "environnement centré procédés" ou encore, " environnement de support au procédés ".

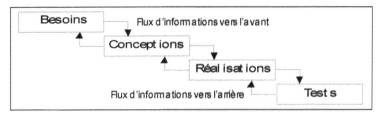

Figure I.2 : Un procédé logiciel : cycle de vie du logiciel.

Cependant, ces modèles ne tiennent pas compte de l'activation, de l'échec ou au contraire du succès des activités, et en général, de la synchronisation des activités entre elles, pas plus qu'ils ne s'intéressent aux artefacts manipulés par ces activités (Les ressources, l'organisation, la planification,…etc) [Mostefai 2002].

I.1.4 Les environnements intégrés de génie logiciel .

Ces environnements se sont succédés aux modèles de cycle de vie pour offrir un support au développement de logiciels, et parmi les travaux réalisés, on cite l'environnement ADELE. Il s'agissait d'un environnement intégré de génie logiciel qui est un ensemble de fonctionnalité nouvelles reposant sur l'intégration d'outils souvent existant et connus des développeurs (compilateurs, éditeurs de liens, gestionnaires de fichiers ,…etc.), cette intégration permettait d'utiliser cette collection d'outils pour produire des logiciels avec plus de facilité.

L'apport de ces environnements vis à vis du procédé logiciel reste limité malgré leur succès relatif, dans le sens où ni la définition, ni l'enchaînement des activités ne sont proposés (la façon dont le produit logiciel est fabriqué n'est pas explicite).

I.2 Les environnements de génie logiciel centrés procédé .

Les limitations de procédés existants ont mis Osterweil et Lehman (par l'opposition de leurs vues sur le sujet) à lancer une nouvelle ère de recherche sur les procédés logiciels.

Ainsi [Osterweill 1987] considère qu'un des problèmes principaux empêchant l'assimilation de la notion de procédés logiciels à l'application de procédures ou recettes pour la fabrication d'avions ou d'automobiles est l'absence de gabarits à partir desquels un procédé logiciel appliqué à une situation spécifique pourrait être < instancié >.

L'approche d'Osterweil consiste à définir de tels gabarits de la manière la plus rigoureuse possible, soit à travers la rédaction de < programmes > de procédés utilisant des langages aussi formels que les langages de programmation informatique.

Cette approche met de l'avant une recherche axée vers la création d'un langage de programmation de procédés et d'un système de compilation et d'interprétation des programmes rédigés.

A l'inverse, Lehman (1987) croyait que la programmation de procédé telle que définie par Osterweil ne peut que détourner la collectivité du génie logiciel des problèmes réels auxquels la discipline est confrontée, plutôt que de contribuer à la résolution de ceux-ci. Pis encore, au lieu de contribuer à clarifier la nature des procédés réels, elle crée plutôt l'illusion du progrès. Ainsi, quoique les programmes de procédés soient théoriquement utiles pour l'expression formelle des procédés, ils ne sont d'aucune utilité pour l'amélioration de notre compréhension des dynamiques obscures qui composent, encore aujourd'hui, la plus grande partie de la discipline. Du même souffle, Lehman mentionne :

For applications (commonly termed\programming-in-the-large"), which provide the real challenge for software engineering as distinct from programming methodology, models of the application as a whole or of many of its parts do not, in general, exist; there is no theory of program development, there is no global and formalisable development procedure, at best there is only an abstract process model.

Dix ans plus tard, il déclare : < Eventually it may be possible to develop generic models but that lies in the distant future [Lehman 1997]. >

Les vues de Lehman trouvent écho dans le développement récent de la pratique du génie logiciel, et surtout dans l'amélioration du développement des environnements de génie logiciels centrés procédés.

I.2.1 Définition d'un EGLCP .

Un EGLCP est un système dans lequel la manière dont le logiciel est fabriqué (doit être fabriqué) est définie de façon explicite et avec suffisamment de détails.[Amiour 1999].

Ces environnements constituent la voie privilégiée de la recherche sur les procédés du génie logiciel ces dernières décennies, de nombreux travaux se sont focalisés sur les EGLCP : Marvel [Ben-shaul et Kaiser 1993], Oz [Ben-shaul et Kaiser 1998…], Peace [Arbaoui1993…], Peace+ [Aloui et all 1994], SPADE [Bandinelli et al.1992], Tempo [Belkhatir et Melo 1992], APPEL [Dami et al 1995, Estublier et al 1998], etc.

La plupart des EGLCP développés découle naturellement de la théorie d' Osterweil en offrant un langage de modélisation pour la définition du procédé (que l'on appelle Langage de Modélisation de Processus[2]) et un environnement d'exécution pour interpréter les modèles définis à partir de ce langage.

Les concepts .

La terminologie associée au procédé logiciel concerne :

L'activité : C'est une opération atomique ou une étape du procédé, par exemple : la conception ou la compilation.

Produit : est une donnée manipulée ou résultante d'une activité, ça peut être composés d'autres produits, par exemple : code source, plan de teste.

Ressource : les moyens exigés par l'activité pour être exécutée, il y a deux types de ressource :

- **Le développeur :** (agent humain) généralement directement lié à l'activité par son rôle.

---

[2] Le terme anglophone fréquemment rencontré dans la littérature est PML (Process Modelling Language).

    Le rôle : Peut être utilisé pour définir le responsabilités et obligations du développeur

    La direction : C'est le pilote « guide » qui peut être de règles ou des procédures qui gouverne l'activité.

- **Les outils :** C'est l'équipement matériel ou logiciel dont l'activité a besoin pour son exécution comme par exemple : (éditeurs, compilateur, etc).

Le modèle de procédé .

Un modèle de procédé est une abstraction du procédé logiciel décrit de manière formelle ou semi formelle.

Dans un modèle de procédé on trouve [Bandinelli et al 1994] :

- La description des ressources (outils, acteurs, etc.) que requit le procédé.
- Les activités et les tâches pour lesquelles le procédé est définit et structuré.
- L'enchaînement (ou ordonnancement) de ces activités ou tâches.
- Les informations nécessaires à la définition du procédé.

Différents PML se sont utilisés, nous pouvons distinguer 6 paradigmes importants [Amiour 1999] :

- □L'approche procédurale illustrée dans les systèmes ARCADIA [Osterweil 1987], ProcessWise, etc.
- L'approche déclarative illustré par les systèmes Marvel [Kaiser et al. 1988], Merlin, et
- L'approche orientée but adoptée par l'environnement Peace [Arbaoui et all 1994] et Peace+ [Alloui et all 1994], SCALE [Oquendo 1995].
- L'approche basée sur les réseaux de Pétri illustré par les systèmes Process Weaver, SPADE [Bandinelli et al. 1992] et Leu.
- L'approche fonctionnelle illustré par les systèmes HFSP et à PDL, etc.
- L'approche mutli-paradigme prise en compte dans les systèmes comme Alf, APEL [Dami et al. 1995, Estublier et Dami 1995, Amiour 1997, Estublier et al. 1998a], etc.

I.2.2. Formalisation du procédé .

Dans le cycle de vie d'un procédé logiciel, on peut distinguer trois phases [Ambriola et all 1997] :

- La phase de spécification des besoins
- La phase de conception, de modélisation
- La phase d'implantation du procédé tel qu'il a été défini.

Pour couvrir ce cycle de vie, trois catégories de langages ont été proposées [Ambriola et al 1997] :

- Un langage de spécification

9

- Un langage de modélisation
- Un langage d'implantation

Un formalisme d'un procédé doit être facile à comprendre par les différents acteurs (manager, développeurs, etc.), c'est pour cela qu'un formalisme de haut niveau est à préconiser, et il doit satisfaire les besoins suivants [Oquendo 1995] :

1. Il doit être exécutable.
2. Il doit permettre de décrire et de supporter l'ensemble du cycle de vie du processus ainsi que tous ses niveaux d'abstraction,
3. Il doit prendre en compte la description dynamique de l'ordonnancement des activités du procédé,
4. Il doit permettre de supporter et de modéliser l'évolution des procédés et de leurs modèles,
5. Il doit permettre de modéliser et de gérer l'incertitude et l'incomplétude de certaines informations,
6. Il doit permettre d'exprimer et de supporter la communication, la coordination, la négociation et la coopération entre les divers intervenants dans le procédé.

Les différents domaines du procédé logiciel .

Un procédé logiciel est structuré en trois domaines distincts [Arbaoui et all 2002] (voir Figure I.3)

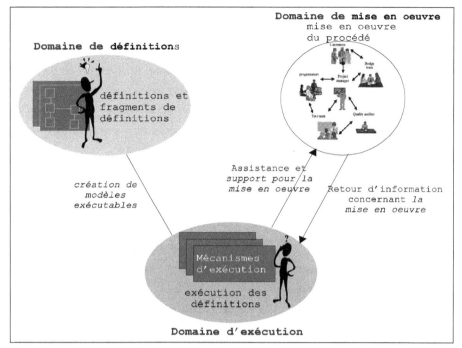

Figure I.3 : Les trois domaines du procédé

I.3 La voie des EGLCP fédéré .

I.3.1 La réutilisation de composants dans les EGLCP .

La plupart des travaux liés au domaine des EGLCP s'intéresse à un aspect particulier entre autres :la distribution de l'environnement, la coopération, la coordination des composants, etc. d'autres ont défini des EGLCP comme des fédérations de composants qui doivent interopérer.

I.3.1.1 Peace, Peace+ .

Peace [Arbaoui et al 1992] est un EGLCP qui adopte une approche orientée but.

Cette approche se base sur la logique de croyance de Moore,pour décrire les buts à atteindre dans un procédé plutôt que décrie les activités. Et cela en décomposant le procédé en fragments de procédés représentant une étape du procédé ainsi qu'un but à atteindre.

Peace+ [Alluoi et al 1994] et Peace* [Latrous et Oquendo 1995] sont deux extensions de Peace reposant sur une approche multi-agents dont l'objectif de la première est d'améliorer le aspects liés aux travaux dans les environnements coopératifs, et pour la seconde est d'améliorer la gestion de l'évolution des procédés.

Le procédé global dans Peace est distribué au niveau des différents agents de l'environnement.

11

I.3.1.2 Provence .

Provence est un EGLCP basée sur une approche client/serveur selon laquelle les clients peuvent s'abonner aux évènements qui sont produits durant l'exécution du processus. Le but de cet environnement est de reposer sur des outils existants. Il peut être vu, dans une certaine mesure, comme une généralisation de Marvel en terme d'interopérabilité et d'intégration d'outils. Cette dernière est assurée par un composant de l'architecture: le gestionnaire de mise en œuvre et son rôle consiste à faire inter-opérer les outils logiciels participants à l'environnement.

Provence a été implémenté avec les composants suivants :

- Marvel [Ben-Shaul et Kaiser 1993] qui gère la cohérence, la disponibilité des objets manipulés au sein de l'environnement, gère la coordination et la coopération entre les différents acteurs (personnes au sein du même processus logiciel) et permet la définition du modèle de processus en termes de règles ;

- Yeast assure la liaison avec les clients et déclenche les actions correspondantes aux requêtes des utilisateurs ;

- 3D File System fournit un mécanisme permettant aux utilisateurs de créer des vues dynamiques du logiciel et d'effectuer des changements relatifs à cette vue sans affecter la base du logiciel ;

- Doty, éditeur graphique, qui permet de visualiser l'état du procédé de façon interactive en utilisant le multi-fenêtrage. L'interprétation des graphes se fait par Doty et le langage qui lui est associé.

Provence pourrait être vu comme une fédération de "composants inter-opérables". En ce sens, Provence offre une architecture relativement indépendante des outils qui le composent, contrairement à la plupart des environnements existants où les outils sont fortement imbriqués, ne pouvant être remplacés. Pourtant si les outils sont bien identifiés et ne sont pas fortement intégrés dans l'environnement, le phénomène d'ajout ou de retrait d'outils implique une forte modification de l'interface entre les composants et doit tenir compte des spécificités liées aux composants d'origine. En effet, certaines hypothèses ont été faites selon les possibilités de ces outils. Par exemple, Marvel doit connaître les chemins des différents fichiers composant le projet et doit savoir quels outils utilisés sur quels objets.

D'autre part, l'architecture proposée s'appuie sur les possibilités intrinsèques de Marvel, Yeast, Doty, 3D File System. Le remplacement de ces outils par d'autres devrait se faire qu'à la condition que les nouveaux outils disposent des mêmes fonctionnalités et répondent aux mêmes caractéristiques d'implémentation que ceux utilisés. Ces contraintes n'étant pas décrites dans l'environnement (aucune description des contraintes et des caractéristiques des composants), le

12

respect de ces derniers restes au bon vouloir du concepteur de l'environnement. On peut également noter que la présence de tous les outils est nécessaire au fonctionnement de Provence

I.3.1.3 Endeavour .

Le système Endeavours [Bolcer et Taylor 1996] est un système distribué dont le but est d'assister les procédés logiciels et les procédés de workflow. Il repose sur une approche homogène pour la modélisation des procédés et l'approche hétérogène pour leurs exécutions.

Cela signifie qu'un modèle de processus est définit selon plusieurs modèles basés sur des concepts identiques et décrits à l'aide d'un même formalisme mais qu'ensuite, chacun de ces modèles peut être interprété sur des plate-formes différentes: en effet, il existe des "handlers", écrits en langage Java, qui sont l'implémentation des modèles.

Les "handlers" selon Endeavours constituent les composants de l'environnement à l'exécution. En ce sens, ils ressemblent aux fragments de processus décrits dans l'environnement Peace+.

I.3.2 Vers des fédérations de composants inter-opérables pour les EGLCP .

Dans les environnements précédents, le procédé logiciel est vu comme un ensemble de composants interopérant en vue de réaliser les objectifs décrits par les modèles de procédés sous-jacents en assurant pour d'autres approches la distribution du procédé au niveau d'exécution (LEU, Peace+), l'hétérogénéité (Endeavour), ou bien l'intégration de composants existants et hétérogènes (Provence), reposent tous sur des architectures à base de composants qui doivent inter-opérer en vue de réaliser les objectifs décrits.

En revanche, le vrai concept de fédération est occulté : l'existence de "règles communes de fonctionnement" [Verjus et Oquendo 1998, Estublier et Verjus 1999].

Les systèmes qui vont suivre mentionnent explicitement la définition de "fédération".

Modéliser des fédérations d'EGLCP .

Dans [Tiako 1998], les fédérations sont définit comme un ensemble de fragments de procédé (appelé aussi composants de procédés), l'approche consiste à modéliser la fédération en prenant en compte l'organisation des environnements la composant et supportant la mobilité de ces dernier.

Des modèles de contrats sont établit entre environnement permettant la délégation de modèles. Chaque contrat définit également les compétences respectives de chaque EGLCP impliqué dans ce dernier. En fait, l'approche prise considère les compétences d'un EGLCP sous la forme des services qu'il peut offrir et les possibles négociations permettant à un EGLCP de déléguer l'exécution d'un

13

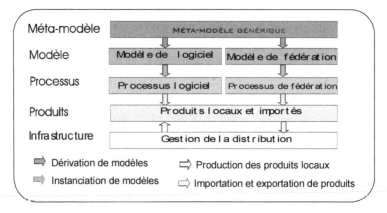

Figure I.4 : Architecture pour des fédérations EGLCP

modèle ou fragment (appelé aussi composant de processus) de modèle de processus à un autre EGLCP.

[Tiako 1998] propose alors une architecture à cinq niveaux comprenant (voir figure I.4) :

1. Un méta-modèle qui permet à la fois de décrire des modèles de processus mais également des modèles de fédération (d'EGLCP) ;

2. Un niveau modèle regroupant un ensemble de modèles de processus logiciels et de processus de fédération, basés sur les concepts du méta-modèle ;

3. Des processus logiciels d'une part et des processus de fédération d'autre part sont obtenus comme instances des modèles (respectivement de processus et de fédération) ;

4. ne couche produit qui contient l'ensemble des produits qui sont produits et importés par un EGLCP. Ces produits peuvent être échangés entre EGLCP grâce au niveau infrastructure ;

5. une couche intermédiaire (infrastructure) entre les constituants permet alors les échanges et la communication.

L'originalité de cette proposition tient au couplage des processus logiciels et des processus de fédérations rendu possible par le partage de nombreux concepts (comportement, similarités des concepts de rôle et de compétences, des concepts d'agents et de participants,...) [Tiako 1998]. D'où l'idée de recourir à un méta-modèle générique permettant de définir les processus de fédérations au même niveau d'abstraction que les processus logiciels.

L'approche constitue une alternative à Oz par les protocoles de négociations, de délégations et la mobilité des composants de processus. En revanche, il faut définir les types de base (en concepts dérivés de LCPS) qui seront utilisés pour modéliser les processus partagés par les différents EGLCP.

I.3.2.1 Oz .

OZ : Est un système américain de l'université de Columbia. Commencé au début des années 80, (sous le nom MARVEL) [Ben-Shaul et Kaiser 1993] qui porte sur l'interopérabilité des EGLCP en utilisant une architecture client-serveur supportant plusieurs utilisateurs. Les éléments de l'environnement Marvel sont considérés comme des objets, et chaque objet a son propre état mais n'a pas de comportements (méthodes), ces dernière sont représentés par des règles de production (Pré-condition /Action / Poste-condition). Ces objets sont stockés dans la base d'objets de Marvel qui n'est qu'une abstraction du système de fichier de UNIX.

Les même auteurs du projet ont poursuivit leurs travaux sur des proposition d'architectures [Ben-Shaul et Kaiser 1998], et en particulier, ont proposés une architecture pour de fédération d'EGLCP selon une perspective homogène :

- les composants de la fédération sont tous des environnements Marvel pouvant être potentiellement géographiquement distribués ;

- le comportement de la fédération est régit selon la métaphore de *l'Alliance Internationale* selon laquelle les composants peuvent constituer des "sommets" à partir desquels il en découle des "traités" qui vont régir le fonctionnement de l'environnement Oz. Chaque environnement garde son autonomie dans la mise en œuvre de ses processus. Cependant, il leur est possible d'interagir pour la réalisation d'une activité commune (le traité). Les sommets n'expriment donc que les stratégies de mise en œuvre des traités; dans un sommet, un environnement coordonne l'activité commune: (1) il reçoit les données nécessaires à l'activité et provenant des autres environnements participant au sommet, (2) il met en œuvre l'activité et (3) il transmet les résultats aux autres environnements. Ce comportement est obtenu par l'implémentation des procédures et protocoles du sommet comme mécanismes de base de chacun des environnements de la fédération.

L'approche consiste donc à distribuer l'exécution des modèles de processus sur des sites différents et en fonction de la disponibilité des ressources nécessaires à leurs exécutions. L'architecture proposée est relativement flexible dans le sens où elle permet l'ajout et le retrait de composants Marvel de façon dynamique.

L'une des principales limitations est le caractère homogène de l'approche (modèles de composants et formalisme utilisé) et le mode de fonctionnement (la métaphore) qui ne peut être changé.

I.3.2.2 APELv4 et PIE

APEL .

L'approche prise par [Amiour 1999, Establier et al. 1999] consiste à proposer un "environnement coopératif et ouvert dans lequel le support se fait à travers un ensemble de composants. Chaque composant prend un charge la gestion d'un aspect particulier du procédé". Un tel environnement est qualifié de *fédération de composants interopérables*.

L'environnement APEL v4 [Amiour et al. 1997] est la continuité des travaux effectués sur l'environnement APEL [Estublier et al. 1997a, Estublier et al. 1997b, Estublier et al. 1998a]. La justification de l'adjectif coopératif se trouve dans les mécanismes d'interaction entre les composants qui collaborent à la réalisation du processus. Quant à l'adjectif ouvert il est justifié si on considère qu'il est toujours possible d'ajouter un composant de l'environnement, sous réserve du respect de certaines contraintes (voir plus loin dans cette section).

Les composants qui sont pris en compte ici respectent un certain schéma : ils sont de véritables logiciels sensibles aux processus[3] (LSP) [Estublier et Barghouti 1998] offrant :

- un méta-modèle qui contient les aspects pertinents liés à l'aspect du processus auquel le composant est dédié ;
- des formalismes permettant de décrire l'aspect en question ;
- une plate-forme d'exécution permettant d'exécuter les modèles description des descriptions. Cette plate-forme comprend, entre autre, un moteur d'exécution, une base de données pour le stockage des informations, etc.

Cette description des composants qui sont pris en compte est restreinte à une catégorie de composants (LSP) et ne peut être généralisée. Par contre, tout logiciel sensible aux processus, qu'il soit un composant issu du marché ou un système patrimoine peut faire partie des fédérations décrites selon cette approche, sous réserve d'adhérer au méta-modèle d'APEL.

L'architecture conceptuelle de la fédération comprend cinq parties (voir figure I.5) [Amiour 1999] :

1. un modèle commun ;
2. un méta-modèle commun et un langage commun ;
3. une fondation ;
4. un ensemble de composants ;
5. une infrastructure de communication.

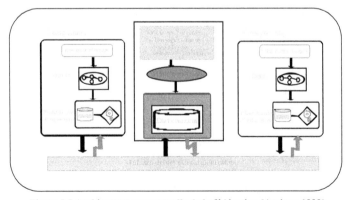

Figure I.5 Architecture conceptuelle de la fédération [Amiour 1999]

Le modèle commun permet de décrire les parties communes entre les composants et, entre autre :

- les activités et les produits qui font partie du processus à gérer (aspects statiques et dynamiques) ;
- les flux de contrôle (ordonnancement des activités) ;
- les flux de données (échanges des produits entre les activités).

Le modèle commun constitue donc, dans une certaine mesure, un accord et un objectif commun de la fédération. Une fois décrit, la fédération doit donner les moyens de garantir son exécution de manière cohérente; l'entité en charge de la cohérence de l'exécution est appelée la fondation. Une instance du modèle commun en exécution est appelée l'état commun constitué d'objets et de relations représentant les activités, les produits, etc. Cet état est sous le contrôle de la fondation.

Le modèle commun doit être décrit de façon a pouvoir être interprété (compris) par l'ensemble des composants (hétérogènes). Ces derniers utilisent les éléments du modèle pour définir leurs propres modèles (locaux). Dans cette perspective, le méta-modèle commun et le langage commun ont pour objectif de permettre la description du modèle commun :

- le méta-modèle commun fournit une ontologie[4] commune permettant aux divers composants de se comprendre tout en préservant leur autonomie. Il définit une sémantique pour l'ensemble des concepts ;
- le langage commun est un formalisme compréhensible par les composants et permet de matérialiser le méta-modèle commun et de décrire le modèle commun de la fédération.

Le rôle principal de la fondation est de coordonner les différents composants. Elle peut être considérée comme un serveur d'état enrichi du modèle commun. Elle :

- garantit l'exécution cohérente d'une instance du modèle commun par l'interprétation du modèle. Elle comprend donc un moteur d'exécution capable d'interpréter le modèle ce qui constitue une différence par rapport à un serveur d'état "simple" ;
- elle reçoit et traite les requêtes manipulant l'état commun qui émanent des composants. A cet égard, elle gère les problèmes de persistance, reprise après panne, etc. ;

---

[3] LSP ou Process-Sensitive-System. [Estublier et Barghouti 1998] définissent un PSS comme étant un système qui fournit un formalisme et des concepts pour définir des modèles, ainsi que des mécanismes pour exécuter ces modèles.

[4] Une ontologie est définie comme une spécification explicite d'une conceptualisation, ou comme un "accord sur une conceptualisation partagée par une communauté". Une ontologie fournit un cadre unificateur pour réduire et éliminer les ambiguïtés et les confusions conceptuelles et terminologiques et assurer une compréhension partagée par la communauté visée. Pour représenter un domaine donné, il est nécessaire de se restreindre à un certain nombre de concepts significatifs suffisants pour interpréter ce domaine. Une ontologie se fonde sur certains engagements ontologiques permettant de choisir un ensemble donné de concepts plutôt qu'un autre. Une ontologie comporte des définitions fournissant le vocabulaire conceptuel permettant de communiquer au sujet d'un domaine ; cela permet de définir (a) les concepts utilisables pour décrire la connaissance, (b) les relations entre de tels concepts et (c) leurs contraintes d'utilisation [Gruber 1993], [Park et Ram 2004].

- elle notifie les composants des changements intervenants dans l'état commun au travers d'un mécanisme de souscription / publication.

Les composants doivent quant à eux respecter certaines spécifications (méta-modèle, modèle et exécution). Un composant n'est pas obligé d'accepter l'ensemble des concepts du métamodèle mais uniquement ceux qu'il est amené à utiliser. Il est doté d'une interface lui permettant de communiquer avec l'infrastructure de communication.

L'infrastructure de communication est en charge :

- De l'acheminement des requêtes (des composants vers la fondation) ;
- De l'acheminement des notifications (de la fondation aux composants).

PIE .

Le projet européen PIE (*Process Instance Evolution*) a pour objectif d'étudier l'évolution des instances de processus, les problèmes de déviations et de réconciliation, d'implémentation des changements [Alloui 1998] selon une ou des stratégies d'évolution et de fournir un environnement, support aux processus et aux processus d'évolution.

Le serveur de processus de l'environnement APEL a servi de composant pivot dans l'environnement de PIE [Amiour et Estublier 1998] dans le sens où (voir figure I.6) :

- il est la fondation de l'environnement PIE, l'univers commun [Estublier et al. 1998b], l'état global de la fédération ;
- il permet aux autres composants (composant de monitoring, composant de décision, composant d'implémentation des changements, composant gérant la stratégie d'évolution, etc.) de participer (d'interopérer) à l'environnement grâce à une couche de communication.

18

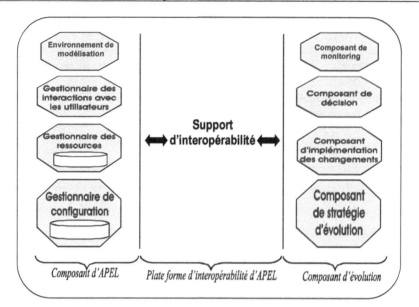

Figure I.6 Architecture de l'environnement PIE (d'après |Amiour et Estublier

Les composants étaient "libres" d'observer le processus en s'abonnant aux sujets qui les concernaient et en recevant les notifications associées (notifications envoyées par la fondation). D'autre part, tout composant pouvait opérer certains changements sur l'état courant des instances du processus, en invoquant les services de l'interface (API) de la fondation.

I.4 Bilan et conclusion .

L'objectif principal des EGLCP était l'assistance des procédés logiciels et cela en proposant une vision « unifiée » des outils utilisés.

Cependant, les environnements qui sont ouverts et flexibles et qui permettent l'intégration d'outils de type COTS[5] dans l'environnement tout en restant disponible par ailleurs (préservation de l'autonomie), sont rares.

Le tableau suivant donne une comparaison de quelques EGLCP vu précédemment en tenant comme critère de différentiation leurs hétérogénéité, leurs distribution, l'implication d'un modèle commun (Fédération), la possibilité d'intégration de composants commercial de type COTS, ainsi que l'évolution des constituants.

Facettes techniques	EGLCPs					
	Provence	Endeavours	Peace/Peace+	APEL	PIE	OZ
Interopérabilité	mécanisme de communicatio n inter-processus offert par Unix.	Au niveau d'exécution	Interactions au niveau des différents agents de l'environnement	Méta modèle d'Apel	Méta modèle d'Apel	Faible
Hétérogénéité des composants	Architecture indépendante des outils	Au niveau d'exécution	Faible	Faible	Collaboration de composants hétérogènes	Faible (autour des composants MARVEL)
Fédération	Non	Non	Non	Méta modèle commun	Univers commun	La métaphore de l'alliance internationale
Intégration de COTS	Non	Non	Non	Non	Non	Non
Evolution	Faible (abonnement des clients aux événements d'exécution)	Faible	Faible	Faible	Oui (à travers le composant de stratégie d'évolution)	Faible
modélisation	Règles de productions	Flots de contrôle, flots de données	Approche multi agent	Méta modél d'Apel (orienté objet)	Méta modél d'Apel (orienté objet)	Règles de productions

Tableau I.1 : comparaison de quelques EGLCPs

Après l'étude détaillée des environnement Provence, Endeavours, Peace/ Peace+, APEL, OZ, et la comparaison de ces systèmes, nous avons déduit que chaque système est adapté à un certain type de développement de logiciels.

Ainsi, les EGLCP : LEU, PEACE+ sont plus adaptés au développement de logiciels sur des sites étendues, distribués géographiquement, alors que le concept d'hétérogénéité des composants est totalement occulté par ces environnements, chose qui a été rattrapé par Endeavour, et Provence qui supportent bien l'hétérogénéité au détriment de la distribution des composants.

Les recherches effectuées concernant « les règles communes de fonctionnement » ce qui est communément appelé Fédération ont aboutis à une panoplie d'environnements qui représentent en fait des fédérations de composants interopérables et distribuées et qui supportent tantôt l'hétérogénéité tel le cas de PIE tantôt l'interopérabilité syntaxique et au niveau d'exécution tel le cas d'APEL. Alors que l'interopérabilité sémantique reste un problème de recherche. Cependant et d'après le tableau I.1, on constate que tous ces EGLCP intègrent peu (pas) de composants quelconques issus du marché (de type COTS).

I.4.1 Conclusion .

La complexité des procédés logiciels a fait que de nombreuses recherches se poursuivent pour mieux cerner le procédé : des environnements ont été développés pour supporter les différentes approches proposées pour la modélisation du procédé logiciel.

Néanmoins ces approches proposent des solutions assez limitées en ce qui concerne (voir le tableau I.1) :
- l'hétérogénéité
- la distribution
- la flexibilité / ouverture
- l'autonomie
- le contrôle

De plus, les outils logiciels issus du marché peuvent fournir la plupart des fonctionnalités requises au niveau d'un EGLCP.

Ainsi, les environnements doivent fournir :
- La possibilité d'intégration d'outils hétérogènes et distribués
- La garantie de l'autonomie des outils qu'ils intègrent
- La garantie du fonctionnement global et cohérent de l'environnement composé de différents outils.

Notre objectif sera alors de proposer un environnement flexible, adaptable, ouvert. Les approches présentées considèrent l'outil comme simple ressource ou alors comme acteur d'une activité : il n'est pas pris en compte comme un concept majeur, sa dimension est donc réduite, alors que la participation des outils logiciels ne cesse de croître, et les problèmes qui se posent au niveau des outils comme le recouvrement de concepts entre le outils, la cohérence des modèles opérationnels des différents outils, la gestion de la synchronisation, etc. sont totalement occultés.

Nous orientons notre travail vers une vision d'assemblage de fédérations en considérant chaque fédération comme un outil, que nous appelons fédération de fédération d'outils dont l'objectif est de construire des environnements à partir de progiciels existants qui doivent interopérer.

---

[5] Abréviation anglo-saxonne de « commercial off the shelf », ce sont des composants logiciel disponibles sur le marché.

Nous présentons dans le chapitre suivant un état de l'art sur les constituants de notre fédération (les fédérations d'outils) ainsi que la politique de coordination et de contrôle de ces outils, ainsi que l'évolution (adaptation) du support aux besoins.

Chapitre 2

Les Fédérations de composants logiciels .

état de l'art

Dans ce chapitre nous allons présenter les différentes approches de fédérations de composants. Nous présentons tout d'abord les concepts principaux de l'ingénierie des systèmes à base de composants, puis une description de divers travaux pertinents permettant de construire des fédérations d'outils logiciels.

II.1 L'ingénierie des systèmes à base de composants .

II.1.1 Introduction

L'approche à composants, bien qu'en vogue aujourd'hui, se caractérise par le fait que ses concepts ne sont pas souvent exprimés de façon claire. Ceci est dû, entre autres, au fait que la description des aspects technologiques est souvent privilégiée par rapport à celle des concepts. Cette section tente de clarifier les concepts généraux de l'approche et des modèles à composants, indépendamment d'une technologie particulière.

23

II.1.2 Des briques de base….. aux composants .

L'évolution des Systèmes Informatiques a été très rapide ces dernières années. Cette évolution est notamment perceptible au travers de l'évolution des méthodes de programmation. En effet la programmation a évolué du mode procédural vers la programmation par objet. Cette dernière qui est née au début des années 80, a démontré qu'elle facilitait la production des logiciels. Elle permet d'organiser le processus de production en plusieurs étapes, de l'analyse à l'implémentation, autour des entités, classes et objets, représentant des concepts du monde réel.

Cependant, malgré ces changements importants dans le monde de la programmation qu'a marqué l'approche objet, ce paradigme a présenté des limites inhérentes telles que :

1. La structure de l'application est généralement peu visible : l'ensemble de fichiers de codes est nécessaire ;
2. La construction de l'application est prise totalement en charge par le programmeur : construction des différents modules, définition des instances et interconnexions des modules, etc.
3. Dans de nombreuses publications des années 80, on pouvait lire qu'avec les objets on allait changer profondément la façon de développer un logiciel, puisqu'il suffirait d'acheter les objets nécessaires et de les assembler pour obtenir l'application. Mais le modèle d'objets n'a pas de mécanismes d'assemblage à part l'héritage et la composition, tous les deux agissant lors de la compilation, et ils sont clairement insuffisants si on veut séparer la programmation et l'assemblage pour en faire deux étapes différentes du développement d'une application.

D'abord, il faudrait pouvoir spécifier un objet de manière indépendante de son implémentation. C'est pour cette raison que le concept d'interface a été introduit dans le modèle d'objets dans les années 90. Ensuite, il faudrait disposer de langages et de mécanismes de haut niveau, permettant de décrire l'application en termes de la spécification des objets participants et de ses connections. Le modèle d'objets n'a pas ce type de facilité.

Ces problèmes sont à la base d'un nouveau paradigme de programmation : la programmation à base de composants, dans laquelle les unités de composition réutilisable sont appelées des composants.

II.1.3 Qu'est ce qu'un composant logiciel?

En dépit de l'absence d'une définition consensuelle de ce qu'est un composant, nous proposons la définition donnée par : [Orfali et al 1996] : « Un composant est un morceau logiciel assez petit pour qu'on puisse le créer et le maintenir, et assez grand pour qu'on puisse l'installer et assurer le support. De plus, il est doté d'interfaces standard pour pouvoir interopérer. »

II.1.4 Les modèles à composants .

Il existe Principalement trois modèles de composants [Donsez 2001], (appelé encore composants métier) : EJB de Sun MicroSystems, (COM+ de Microsoft, et CCM de OMG)

II-1.4.1 Le modèle des composants Entreprise Java Beans, EJB .

a- Présentation .

Sun MicroSystems a standardisé, au sein de J2EE[6] , la technologie EJB en novembre 1997 qui est une conséquence du succès remarquable du langage JAVA.

Un modèle abstrait de composant JAVA coté serveur est défini par cette technologie d'EJB, ce modèle décrit la structure des composants EJB et de modèles de développement et de déploiement des applications à base de ces composants. Dans le modèle EJB, les composants sont des composants JAVA non visuels, portables, distribués, réutilisables et déployables.

Le modèle de composants EJB est une extension du composant visuel JAVA Beans proposé pour supporter les composants serveurs.

b- Architecture .

Un EJB est nécessairement définit par l'interface distante (Remote interface) qui définit une vue cliente de EJB (figure II.1). Cette interface définit toutes les méthodes fonctionnelles (busines methods) qu'un client peut invoquer sur le composant. Elle hérite de plusieurs interface, soit prédéfinies, comme EJBObject, soit définies par l'utilisateur. La fourniture d'opérations métier est l'objectif de la conception d'un EJB. L'implantation de ces opérations représente l'implantation du composant EJB. En plus de cette interface métier, un EJB offre une autre interface pour accéder aux méta-données de l'instance du composant.

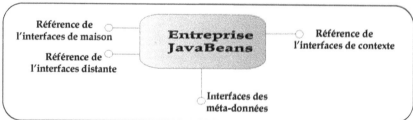

Figure II.1 : Le modèle de composants EJB

Un EJB offre une interface qui gère le cycle de vie d'un composant :

Interface maison (home Interface), qui est accessible à travers le JNDI[7]. Les méthodes qu'un client peut invoquer pour créer, rechercher on déduire une instance de composants sont définit par cette

---

[6] J2EE: Java 2 Enterprise Edition.

dernière, elle offre également une opération retournant une référence sur l'interface de méta-données.

II-1.4.2 Le modèle des composants COM+ .

a- Présentation .

Au début des années 90, le modèle COM (Component Object Model) s'est imposé comme une technologie Windows, importante et évolutive. Par définition, tout objet COM peut être distribué. En d'autre terme, il peut être instancié à partir d'une autre machine via un simple appel réseau. On parle alors de DCOM (Distribueted COM), qui est l'extension de COM prenant en compte l'aspect distribué (il permet la communication entre objets situés sur des machines différentes).

L'architecture Internet de Microsoft, pour développer et supporter les applications réparties, construite autour de DCOM s'appelle DNA (Distribueted Network Application) [Fabrice 2001].

Sous Windows 2000, DCOM change de nom pour devenir COM+. On peut dire alors que COM+ est l'évolution de COM. Dernièrement, Microsoft a développé un environnement de création d'application Web nommé « .NET » (prononcer dot-Net)

b- Architecture .

Le modèle COM+ inclut une série de fonctionnalités comme le "data binding " assurant la liaison entre certains objets et les champs d'une base de données, des fonctionnalités d'événements et des messages asynchrones (COM+ Event Services et Queued Components), et la gestion de la distribution, etc.

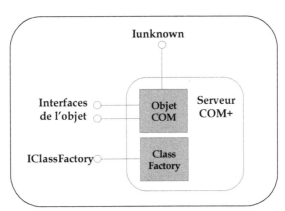

Figure II.2 : Le modèle de composants COM+

---

(7) JDNI: Java Naming and Directory Interface. Il permet à chaque objet de toute machine virtuelle, à partir d'une chaîne, d'identifier et de localiser tout objet construit et déployé sous forme d'EJB dans toute machine virtuelle.

Un composant COM+ peut avoir un ou plusieurs Interfaces de l'Objet qui dérivent de l'interface IUnknown. Les interfaces sont fortement typées. L'interface **IUnknown** est l'interface de base que doit implémenter tout composant COM+. C'est par cette interface que l'on peut instancier un composant COM+ [Bellissard et al 1999]. Elle offre trois méthodes : **QueryInterface** qui permet aux clients de découvrir les interfaces fournies (supportées par le composant COM+), et ainsi, de naviguer entre elles.

La classe Factory joue le rôle de la classe fabrique. Elle fournit l'interface IClassFactory qui contient deux méthodes : la méthode CreateInstance a pour but d'instancier des Objets qu'ils soient distants ou locaux. La méthode LockServer permet de mettre l'Objet en mémoire afin de l'instancier au plus vite.

II-1.4.3 Le modèle des composants CCM .

a- Présentation .

La spécification CORBA 3.0 a été publiée par l'OMG (Object Management Group) en juillet 2002. Elle a introduit le modèle CCM, CORBA Component Model. Ce modèle propose toute une structure pour définir un composant CORBA, son comportement, son intégration dans un conteneur (ou application) et son déploiement dans l'environnement distribué CORBA [ACCORD 2002a]. CORBA supporte l'interaction, à travers le Web, entre des composants écrits en différents langages distribués et exécutés sur des ordinateurs avec différents systèmes d'exploitation. Il intègre aussi, des descripteurs pour la configuration, la définition de l'assemblage et le déploiement des composants.

Le modèle CCM est un ensemble de modèles qui permet de spécifier des composants, de les implémenter, de les empaqueter, de les assembler et enfin de les déployer dans un environnement distribué. Le contenu de la spécification est découpé en quatre modèles [ACCORD 2002b]qui sont :

- **Le modèle abstrait de composants** explique comment décrire un composant en faisant appel à une nouvelle extension du langage IDL de CORBA (Interface Definition Language) [Seinturier 2002] ;

- **Le modèle d'implantation** définit la façon d'implanter un composant à l'aide du langage CIDL (Component Implementation Description Language) et du framework CIF (Component Implementation Framework) ;

- **Le modèle de déploiement** définit comment le composant sera distribué, assemblé et déployé dans une architecture CCM ;

- **Le modèle d'exécution** définit la structure et l'utilisation des conteneurs de composants.

Nous présentons ici que le modèle abstrait de composant (architecture de composants CCM) Les trois autres modèles sont présentés dans l'annexe de ce document.

b- Architecture .

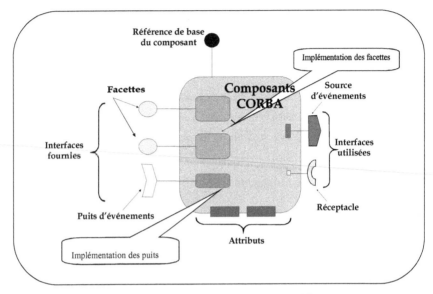

Figure II.3 *:* Le modèle de composants CCM

Le modèle abstrait d'un composant CCM décrit la structure interne d'un composant basé sur la technique de conteneur similaire à celle des EJBs. Il permet aux développeurs de définir les interfaces et les propriétés de composants. Le langage OMG IDL est étendu pour exprimer les interconnections d'un composant [Pérez 2003]. Il est baptisé IDL3 en rapport avec la version 3.0 de la spécification CORBA.

En résumé, un composant CCM est constitué de :

- Une référence de base ;
- Des interfaces : 4 types de port (la facette, le réceptacle, la source et le puits d'événements) ;
- Des attributs ;

A ces éléments constituant un composant CCM est associé une Fabrique "home" qui constitue un gestionnaire pour les instances de composants.

Comme le présente la figure II.3, chaque composant CCM à une référence, dite référence de base et il peut avoir un ou plusieurs attributs qui représentent ses propriétés configurables. En plus, il est doté de multiples interfaces appelées "ports". Ces interfaces se classent en deux types : fournies et requises.

28

Deux modes d'interfaces "ports" fournies (présentées sur le côté gauche du schéma) : facettes "facets" pour les invocations synchrones, et puits d'événements "event sinks" pour les notifications asynchrones. Les facettes ont le même cycle de vie que celui du composant qui les encapsule. Elles permettent d'avoir des points de vue différents sur un même composant. A partir de la référence de base d'une instance de composant, il est possible de naviguer entre les différentes facettes au cours d'exécution.

Chaque composant CORBA est associé à une maison "home". Une maison est un gestionnaire des instances de composants qui permet de créer, à l'exécution, des instances de même type, et il permet également, la recherche d'une instance en se basant sur des clés. Néanmoins, il est possible de définir différents types de home pour un type unique de composant. Elle est aux composants ce que l'opérateur new est aux objets.

Les types des composants sont définis indépendamment de types des maisons. Une définition de maison, cependant, doit indiquer exactement un type composant qu'elle contrôle. Différents types de maison peuvent gérer le même type de composant, bien qu'ils ne puissent pas gérer le même ensemble d'instances de composants [Samaha 2002].

II-1.5 Comparaison et évaluation des modèles de composants existants .

Après cette brève étude des trois modèles, le tableau suivant résume les principales caractéristiques de chaque modèle. Le tableau II.1 décrit des points de comparaison sur lesquels nous nous sommes basés pour étudier les trois modèles et les caractéristiques de chacun d'eux.

29

	Critères de comparaison **composants**	**EJB**	**COM+**	**CCM**
	Architecture	J2EE	.NET	CORBA
	Editeur de composants	Plus de 30	Microsoft	OMG (850 membres)
Critères généraux	Interpréteur	JRE (Java Run-time Engine)	CLR (Common language Runtime)	IR (Interfaces Repository)
	Intégration	MV (machine virtuelle)	Par un système de type commun +MV pour ce type de système	Au niveau IDL
Critères spécifiques	Langages de programmation	Mono-Langage (Java)	Multi-Langage (27 langages)	Multi-Langage
	Plate-forme	Multi -plate-forme	Mono -plate-forme	Multi -plate-forme
	Interfaces	Deux interfaces Home, Object	Multiple-interfaces	Multiple-interfaces
	Connecteur	Non	Non	oui
	Relation de composition	Non	Non	Non

Tableau II.1 : comparaison des différents modèles à composants

Ce tableau montre deux types de critères : critères généraux et critères spécifiques. Les critères généraux décrivent les plates-formes associées aux différents modèles de composants. Les critères spécifiques décrivent des propriétés liées directement à notre problématique (connecteur, interface, relation de composition, etc.). D'autres critères complémentaires à ceux présentés ainsi qu'une étude comparative complète des différents modèles de composants sont présentés dans l'annexe A de ce document.

II.2 Les architectures logicielles .

L'un des défis majeurs que les concepteurs de systèmes doivent relever (les contraintes de coûts, de délais, de qualité, … etc.) est l'intégration de composants existants dans un système existant ou future, ce qui a mené des travaux portant sur l'architecture logicielle pour fournir un niveau d'abstraction permettant de spécifier la composition de systèmes et des éléments logiciels de ces systèmes. Ce qui rend nécessaire de fournir des notations, des méthodes, des outils, supports à la description des architectures logicielles. Les éléments suivants font l'objet de consensus dans la communauté des architectures logicielles :

- ✓ **Composants** : est une abstraction caractérisant une unité de calcul ou de stockage de données.

- ✓ **Connecteur** : est une entité architecturale de communication qui modélise de manière explicite les interaction (transfert de contrôle et de données) entre les composants. Ils contiennent des informations concernant les règles d'interaction entre les composants.

- ✓ **Configuration** : permet de décrire la structure globale d'un logiciel, c'est-à-dire l'assemblage des composants de ce logiciel sous forme de graphes de connexion formés de composants et de connecteurs. Elle permet aussi de décrire son comportement (création, utilisation et suppression des instances).

- ✓ **Les langages de description d'architecture ADL** : Dans l'approche "composant", une application logicielle est construite par une collection de composants logiciels interconnectés à l'aide de connecteurs. Pour mettre en évidence la structure d'une application, cet assemblage peut être décrit à l'aide des langages de description d'architectures, ADL (Architecture Description Language) [Sourcé et Duchien 2002].

Les ADL permettent de décrire une architecture logicielle en se basant sur la notion de configuration.

II.3 Des composants au COTS .

Tout système basé sur les composants issus du marché devrait respecter le cycle de vie présenté par la figure suivante [S.E.I 2001] :

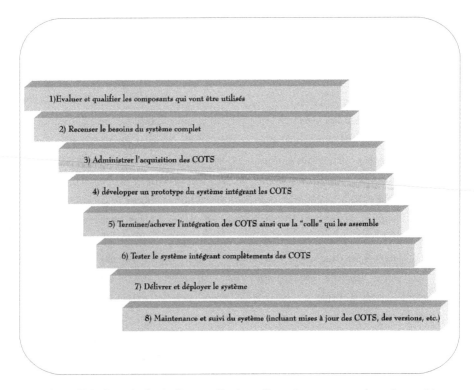

Figure II.4 : Le cycle de vie d'une application utilisant des composants issus du marché

II.3.1 Définition d'un composant issus du marché (COTS) .

Parmi les définitions induites de ces travaux nous retiendrons qu'un composant issu du marché est :

- ✓ Un produit logiciel commercial
- ✓ Dont le code source est indisponible[8]
- ✓ Ayant des mises à jour périodiques s'accompagnant d'un accroissement des fonctionnalités fournis alors que certains autres deviennent obsolètes

II.3.2 Le développement des systèmes à base de COTS .

Les principales activités du processus sont [Brown et Wallnau 1996, SEI 1997]:

1. L'évaluation et la qualification des composants
2. L'adaptation du composant pour former un système

---

[8] Des études faites au sein du SEI ont montré qu'au moins 30% des composants de type COTS qui sont utilisés doivent avoir leur code source modifié pour être intégrés.

3. L'évolution du système

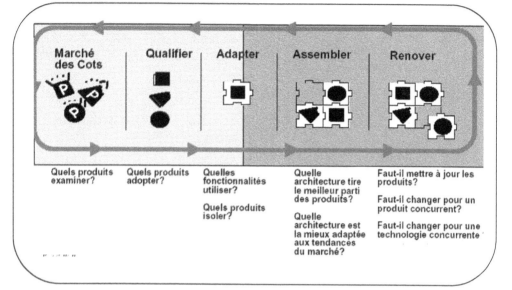

Figure II.5 : Les activités du processus de développement de logiciel à base de COTS.

1. L'évaluation et la qualification des composants .

L'ensemble des études montrent que l'évaluation et la sélection des composants issus du marché est un axe de recherche particulièrement important, préliminaire à l'intégration des composants [Jung et al 1999] , cette activité concerne entre autre :

✓ L'identification et la caractérisation des composants face à l'expression des besoins.

✓ L'évaluation des différentes technologies qui sont offertes par le marché

✓ L'impact d'une nouvelle version d'un composant sur le système installé

✓ L'impact du déploiement d'un composant issu du marché.

Le cas spécifique des composants de type COTS est l'opportunité de les utiliser pour une application ce qui est à l'intersection de trois considérations comme le montre la figure suivante :

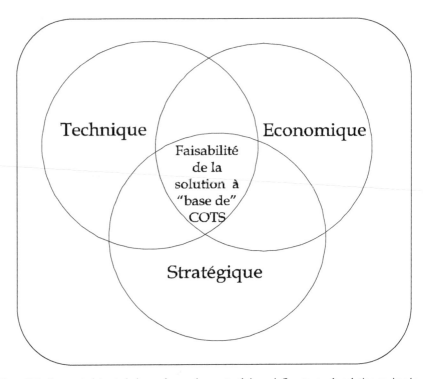

FigureII.6 : Les contraintes techniques, économiques, stratégiques influentes sur la solution envisagée.

2. L'adaptation .

L'adaptation des composants est souvent nécessaire en vue de leurs utilisation dans un ''contexte'', Le degré d'accessibilité de la structure interne du composant suggère différentes approches pour l'adaptation de ce dernier [Valetto et Kaiser 1995] :

✓ « Boite blanche » où l'accès au code source permet de modifier le composant de manière à ce qu'il puisse coopérer avec d'autres composants.

✓ « Boite grise » où le code source n'est pas disponible mais le composant fournit son propre langage d'extension ou une interface programmable (API) à partir desquelles il est possible d'influer sur son comportement.

✓ « Boite noire » où ni le code source ni un langage d'extension ou une interface programmable ne sont disponibles.

Approches	Utilisation	Risque	Accessibilité du code
Boite blanche	Moins fréquente	Risque de dérivation	Accessible
Boite grise	Plus fréquente	Pas de risque	Non accessible
Boite noire	Plus fréquente	Pas de risque	Non accessible

3. L'activité d'assemblage de composants .

Dans la littérature, l'assemblage de composants en un système possède différentes terminologies :

✓ Assemblage [Brawn et Warnau 1996, SEI 1997]

✓ Composition [villalobos 2003,]

✓ Intégration [Wasserman 1989].

L'assemblage est « standardisé » dans le domaine de l'ISBC du fait que chacune des propositions (EJB, COM+, CCM, etc) repose sur une technologie particulière permettant la construction d'application (Java et Java/RMI, IDL et bus CORBA, environnement pour les EJB, etc)

Il y a peu de travaux sur les techniques d'assemblage, et qui sont surtout inspirés de techniques issues d'autre domaines (que nous aborderons plus loin dans ce chapitre)

4. L'évolution du système à base de COTS .

L'évolution de systèmes à base de composants issus du marché est tridimensionnelle :

1) L'évolution des différents composants (produits logiciel)

2) L'évolution des technologies prise en compte par ces COTS

3) L'évolution de l'architecture du système

II.3.3 Discussion .

Dans cette partie, on a présenté des travaux concernant essentiellement les composants dis sur étagère (COTS), ces éléments sont de bonnes qualité, fournissent des fonctionnalités puissantes, sont peu coûteux, et sont en développement continu.

Dans le processus de développement présenté précédemment nous nous intéressons à la phase de construction, notre objectif principal étant de fournir un cadre architectural permettant d'intégrer ce type d'outils.

Selon cet objectif, l'ensemble des travaux présentés dans cette section permettent de mettre en évidence certaines avancées :

• prise en compte et caractérisation des composants issus du marché ;

• adaptation du modèle "classique" du développement de logiciels en tenant compte de la spécificité des composants issus du marché.

Par contre :

• les travaux portant sur les composants issus du marché se sont consacrés pour l'essentiel, aux premières phases du processus de développement; les phases d'adaptation et d'assemblage faisant l'objet d'approches pragmatiques (pas de méthodologie ni de modélisation) ;

II.4 EAI : L'intégration d'applications de l'entreprise .

Le EAI correspond à une discipline de génie de l'intégration des applications. Les projets EAI sont des projets qui s'efforcent de tirer profit des divers systèmes patrimoniaux[(9)], de les réunir pour obtenir un nouveau produit. Le concept a été résumé par certains auteurs par la formule « On ne modifie rien, on intègre tout ».

Essentiellement, lorsqu'on met en oeuvre une solution EAI, il n'y a pas de justification du point de vue temps et argent de remplacer le système patrimonial. Pour autant il est incorrect de considérer les efforts EAI « Engineering Application Integration » comme un travail généralement rapide et peu structuré.

Plusieurs technologies, notamment Corba (Common Object Request Broker Architecture) de l'OMG (Object Management Group) ont permis de réaliser beaucoup de progrès pour l'EAI en encapsulant les systèmes patrimoniaux dans des objets et en les rendant disponibles sur un réseau par des RPC (Remote Procedure Call : appels de procédure à distance).

[Schmidt 2000] a proposé un modèle permettant de valider le degré d'intégration des applications des entreprises (voir Figure II.5). Ce modèle a pour but de guider les entreprises dans les étapes conduisant à la gestion optimale de leurs capacités d'intégration d'applications en vue de satisfaire les objectifs de l'entreprise (économiques, technologiques, etc.).

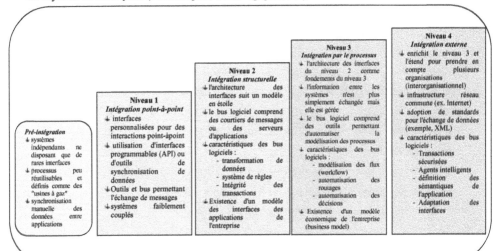

FigureII.7: Modèle de maturité - Intégration d'applications

[(9)] Un système patrimonial est un système informatique, qui fournit une valeur d'affaires significative à une entreprise, grâce à un investissement, qui peut avoir eu lieu il y a plusieurs années. C'est donc un outil qui fonctionne et qui a correctement fonctionné dans le passé.

Plusieurs options technologiques sont proposées pour intégrer des applications selon ces contraintes [Stonebraker 1999] (voir figure II.6).

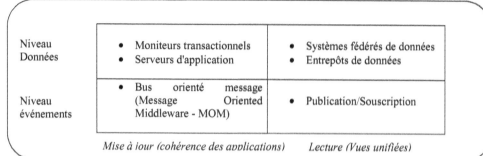

FigureII.8: Classification des options pour les EAI

- Les "actions" possibles (mise à jour de donnée ou lecture de donnée) sont représentées dans la figure II.6 par l'axe horizontal, et les problèmes qui se posent : par exemple, l'étiquette "mise à jour" permet de répondre à la question que faut-il faire en cas de mise à jour ? Cette question concerne tout particulièrement la cohérence globale de l'ensemble des applications.

- La manière d'intégrer des applications est représentée dans la figure II.6 par l'axe vertical, on a alors l'intégration entre deux applications selon le principe de l'échange de messages. C'est pourquoi il existe un niveau évènement (niveau également appelé intégration par l'application). Une autre manière permettant l'intégration est le partage d'une base de données commune. Où une application peut écrire de l'information dans la base de données (voire de plusieurs bases de données) alors qu'une autre va lire les informations dont elle a besoin.

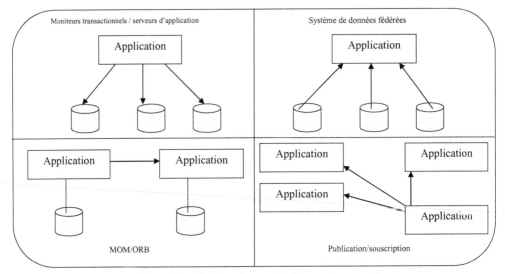

FigureII.9: modèle opérationnel associé à chacune des approches

Discussion .

L'heure actuelle est à l'intégration d'applications modulaires et modulables reposant sur une infrastructure garantissant certaines propriétés (gestion des transactions, persistance, etc.). Ce qui rend les objectifs des EAI sensiblement les mêmes que ceux évoqués dans cette thèse, à savoir intégrer des applications logicielles hétérogènes et indépendantes et qui continuent à être gérées individuellement et de façon indépendante.

Néanmoins, et Comme il est mentionné dans [InfoMag 2000], peu de progiciels fournissent des solutions aux problèmes généraux du second niveau. Quant au premier niveau, il souffre de la mise au point de connecteurs (adaptateurs) spécifiques qui sont développés "à la main" pour la plupart. Le troisième niveau n'est abordé par aucun outil d'EAI même s'il semblerait que des travaux Passent par l'intégration d'outils de workflow [InfoMag 2000].

En ce sens, nos objectifs se situent clairement dans le niveau 4 de la proposition de [Schmidt 2000] (voir Figure II.5), relevant du niveau 3 de [InfoMag 2000], niveaux qui restent vierges de proposition.

Dans la section suivante, nous allons présenter des travaux permettant de faire coopérer des composants. Nous trouvons particulièrement les travaux portant sur l'interopérabilité de composant

II.5 Interopérabilité, assemblage et coopération d'outils .

L'objectif de l'assemblage est l'obtention d'un système cohérent à partir de composant logiciels, ce qui a suscité l'intérêt de plusieurs groupes de recherche.

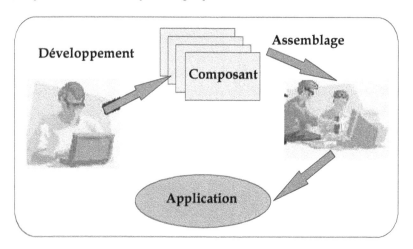

Figure II.10 : programmation par composants

II.5.1 De l'intégration à l'interopérabilité

Les travaux portant sur l'intégration des outils conduit à la définition de trois modèles conceptuels considérant différents types possibles d'intégration [Wasserman 1989] : l'intégration par la présentation, l'intégration par le contrôle, et l'intégration par les données.

Malgré la diversité de ces types d'intégration d'outils, cette dernière reste une question épineuse, au niveau recherche et bien plus encore, dans le milieu industriel confronté à l'hétérogénéité des systèmes mis en place.

II.5.2 Définition de l'interopérabilité .

L'interopérabilité est la capacité pour un certain nombre d'outils hétérogènes de fonctionner et de donner un accès à leurs ressources : Plus formellement, deux utilisateurs A et B interopèrent si A demande un service à B, que B le comprend et peut le résoudre (et inversement).

II.5.3 Diverses propositions pour interopérer .

Nous reprenons les études de coalition sur le Workflow (Workflow Management Coalition - WfMC) sur l'interopérabilité entre différentes applications de workflow et qui sont repris par [Estublier et verjus 1999] (voir figure II.9) :

- ❑ Passage direct de message entre outils (points à points)

❑   Passage indirect de message (existence d'un bus commun qui diffuse les messages)

❑   Passage indirect de message via une passerelle (composants intermédiaire)

❑   Passage de données (partage d'une base de données commune).

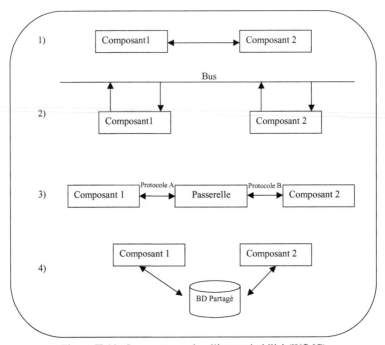

Figure II.11 : Les quatre modes d'interopérabilité (WfMC)

II.5.4 La gestion du contrôle .

Le but de la gestion du contrôle est de permettre aux systèmes hétérogènes qui communiquent d'adapter leurs comportements en fonction de l'information échangée [Wasserman 1989].

Dans [Boyer 1994] deux types de gestion de contrôle sont présentés :

(1)   La notification de l'information (mise en disposition) : En utilisant la gestion des événement selon le paradigme publication/souscription.

(2)   L'invocation de service : qui caractérise l'appel, par un système d'un service fournit parc un autre système.

Discussion .

Si nous regardons les travaux portant sur les échanges d'information, les diverses propositions se sont portées sur l'adoption de formes canoniques pour les types de données et sur des formalismes d'interopérabilité pour les concepts et leurs sémantiques. Il n'en reste pas moins vrai que les concepts ne font ni l'objet de consensus ni ne permettent de couvrir l'ensemble des aspects d'un domaine.

L'arrivée de spécifications émergentes telles que celles du langage XML et des langages dérivés semblent conduire à une homogénéisation des formats d'échange, en tout cas pour les données.

II.6 Vers des fédérations pour l'assemblage d'outils .

II.6.1 Introduction .

En ce qui nous concerne, les fédérations que nous traitons sont composées d'entités logicielles appelées souvent composants ou outils qui se coopèrent ensemble pour atteindre les buts de la fédération. Ces composants doivent en plus de leurs interactions, être autonomes.

Plusieurs défis sont alors à relever :

• L'autonomie ;

• L'hétérogénéité ;

• La distribution.

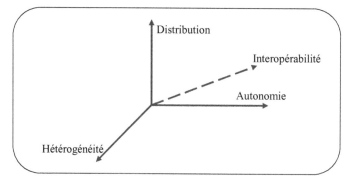

Figure II.12 : Les caractéristiques des outils logiciels

II.6.1.1 L'autonomie .

Dans le contexte des systèmes fédérés, une classification a été proposée [Özsu et Valduriez 1999]

• **Autonomie de conception** : signifie qu'un composant est indépendant d'autres composants dans sa conception intrinsèque (considérant son univers de discours, son modèle de donnée, son modèle d'exécution, etc.). L'autonomie de conception considère également le fait de pouvoir unilatéralement modifier la conception du composant à tout instant; cet aspect a des incidences considérables sur les infrastructures reposant sur la coopération de composants;

• **Autonomie de communication** : signifie qu'un composant peut unilatéralement décider avec quels composants de l'infrastructure il peut communiquer. Considérant la problématique des

41

fédérations, cela se traduit par le fait que les composants peuvent entrer et sortir de la fédération à tout moment ;

• **Autonomie d'exécution** : signifie l'indépendance du composant pour exécuter et ordonnancer les invocations qu'ils reçoit de l'extérieur. Notons toutefois que cette autonomie ne peut être préservée lorsqu'une gestion transactionnelle du système est mise en place.

Nous trouvons parfois dans la littérature l'autonomie d'association; nous pensons qu'elle n'est qu'une combinaison de l'autonomie de conception et de l'autonomie de communication.

II.6.1.2 L'hétérogénéité .

On peut distinguer trois niveaux d'hétérogénéité :

• Sémantique

• Syntaxique

• Des plate formes d'exécution.

L'hétérogénéité sémantique est due à la diversité des concepts utilisés par les *composants*. Chaque composant peut offrir des concepts différents pour gérer l'aspect du procédé auquel il est dédié.

L'hétérogénéité syntaxique : Les composants peuvent offrir un formalisme différent pour décrire l'aspect de procédé qui leur correspond. Le choix d'un formalisme par rapport à un autre peut avoir un impact considérable sur l'amélioration de la compréhension des modèles et de la capture du domaine du problème.

L'hétérogénéité des plates formes d'exécution : En considérant que l'exécution du procédé est répartie sur un ensemble de composants autonomes, chaque composant peut faire appel à des plates formes matérielles différentes. Le problème consiste ici à trouver les mécanismes appropriés qui permettent aux composants d'interagir, d'échanger des données et du contrôle.

II.6.1.3 La distribution .

Avec l'avènement de l'Internet, il est naturel de penser que les données et les traitements ne soient pas physiquement sur un même lieu ou machine mais, au contraire, répartis sur un réseau.

Les techniques (CCM, EJB, COM+, etc.) permettant cette distribution ont été présentées dans ce document (voir section II.1.4).

II.6.2 Les systèmes d'information fédérés .

En général, les systèmes d'information fédérés (SIF) respectent une architecture trois-tiers (voir Figure II.11). Les applications et les utilisateurs accèdent à un ensemble de sources données hétérogènes à travers un niveau (ou couche, appelé aussi médiateur) intermédiaire qui est un composant logiciels qui proposent une manière uniforme d'accéder aux données stockées dans les différentes bases.

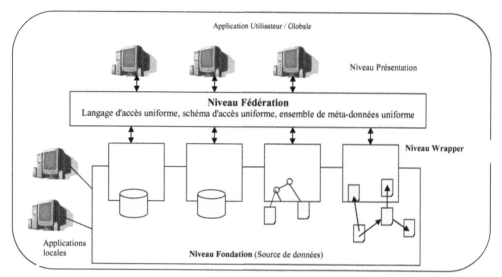

FigureII.13: architecture d'un SIF

II.6.3 Les bases de données fédérées .

Les bases de données ayant fait leurs preuves pour le stockage d'informations, le nombre d'applications spécifiques reposant sur des bases de données a explosé. Il n'est pas rare de voir, au sein d'une même entreprise, un ensemble de bases de données contenant des informations similaires, mais stockées de manières différentes et utilisées par différentes applications. Une solution radicale dans ce genre de cas serait de créer une nouvelle base de données, reprenant toutes les informations provenant des différentes bases de données disponibles. C'est ce que l'on appelle l'intégration des bases de données.

Une autre solution, qui évite de devoir réécrire toutes les applications utilisant ces bases de données, est de créer une base de données virtuelle. Cette base de données n'est qu'une vue, permettant à de nouvelles applications d'accéder à l'ensemble des données disponibles. L'accès à ces données se fait via un logiciel d'intégration qui se charge d'aller récupérer les informations dans les différentes bases de données disponibles. Cette solution est appelée fédération de bases de données.

D'un point de vue conceptuel, ces deux solutions sont identiques. Elles nécessitent toutes deux la création d'un schéma conceptuel réunissant les points communs des bases de données à unifier, et la traduction de ce schéma vers d'autres niveaux d'abstraction. La différence se situe au niveau physique où la solution d'intégration créera une nouvelle base, tandis que la solution de fédération créera un logiciel permettant d'accéder aux données.

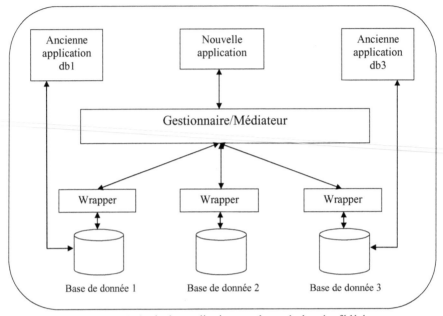

FigureII.14: Accès des applications aux bases de données fédérées

Dans l'architecture présentée ci-dessus, toute l'intelligence se trouve au niveau du gestionnaire de la fédération de bases de données. Il n'est donc pas utile, lors de la mise en place d'une fédération, de passer en revue toutes les anciennes applications, il en découle un gain de temps conséquent et donc une réduction de coûts.

Une approche intéressante possible dans le cas d'une fédération de bases de données est la création de toutes pièces du schéma de base de données qui serait utile à une application. A partir de ce schéma, on essaye de trouver les différentes informations nécessaires dans différentes bases de données existantes et on génère les correspondances entres ces bases de données et le schéma créé. L'intérêt est de rester indépendant de la manière dont l'information est déjà stockée et donc d'éviter de réutiliser des défauts présents dans les bases de données en place.

II.6.3.1 Démarche d'intégration .

[Batini et al. 1986] présentent une comparaison des méthodologies pour l'intégration de schémas et proposent des étapes importantes qu'il faut accomplir qui se résument dans la FigureII.13 :

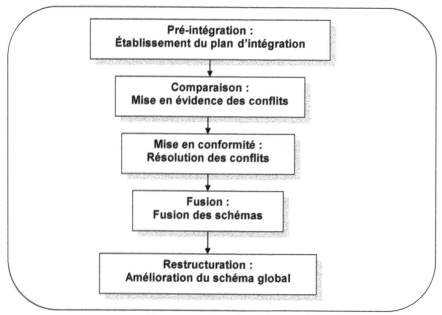

FigureII.15: Démarche d'intégration

- Pré-intégration : qui se caractérise par :
  - La mise en évidence des dépendances induites par les schémas
  - Les définitions des équivalences entre domaines
  - La convention de désignation
- Comparaison ou analyse - mise en évidence des conflits :
  - De désignation (homonymie, synonymie)
  - Structurels
  - De domaine
  - De contraintes
  - ....
- Mise en conformité : résolution des conflits en utilisant :
  - Le renommage pour les conflits de noms
  - L'étude au cas par cas pour les conflits structurels
- Fusion des schémas - Qualités recherchées :
  - Complétude (pas de perte d'information)
  - minimalité (absence de redondance)
  - Clarté.
- Restructuration - Amélioration du schéma global
  - Pour l'essentiel recherche de clarté sans remise en cause des qualités recherchées

II.6.4 Les outils de workflow fédérés.

En juillet 1996, la Workflow Management Coalition a publié un document (WFMC-TC-1011) qui avait comme rôle de définir les termes de référence du workflow.

Le workflow est l'automatisation d'un processus d'entreprise, dans son entier ou partiellement, durant lequel des documents, informations ou tâches sont passés d'un participant* à un autre pour une action en concordance avec un set de règles procédurales. (* participant = ressource, machine ou humain).

En fait, la fédération d'outils de workflow qui s'intéroperent a été étudiée sous le même angle que celui des bases de données fédérées que nous avons vues : l'objectif des deux approches étais l'intégration de composants hétérogènes à l'intérieur d'un système global (appelé *fédération*). La différence principale est que les différents composants d'une fédération de bases de données peuvent avoir différents modèles de données alors que les composants de workflow peuvent avoir différents modèles (conceptuels) de workflow [Geppert et al. 1998] ;

Une fédération de systèmes de workflow doit s'affranchir des contraintes suivantes :

- Aucune supposition sur l'existence d'un modèle homogène et global ;
- Les spécifications d'un système de workflow restent privées à ce système ;
- L'exécution d'un processus de workflow reste sous le contrôle de chacun des systèmes de workflow.

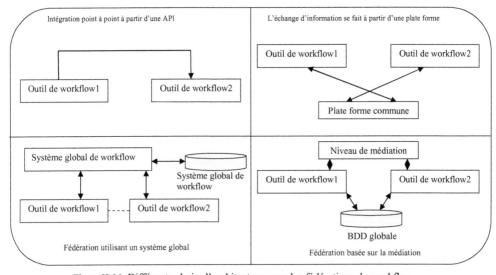

FigureII.16: Différents choix d'architecture pour les fédérations de workflow

o Dans le premier cas, l'interaction entre les outils de workflow se fait via l'API de ces derniers, l'inconvénient majeur de cette architecture c'est la connaissance mutuelle entre ces outils d'où l'implémentation d'autant d'interfaces que de composants, ce qui pénalise la maintenance et l'évolution de ces outils.

o Dans le second cas, l'interaction entre ces outils de workflow se fait via un SGBD (Intégration de données entre les différents systèmes de workflow), ce mode n'est pas adapté aux fédérations d'entreprises, (problème d'autorisation d'accès aux données de ces dernières)

o Dans le troisième cas, l'interaction des différents outils de workflow se fait via un niveau d'intégration global (un système global de workflow), ce niveau dispose d'un certain nombre de spécifications transcrites en : types/ concepts de chaque composant local, donc il faut :

    1. que les différents composants puissent connaître quels sont les types/ concepts offerts par les autres composants

    2. que les types d'un composant puissent être représentés par les autres composants.

Pour satisfaire la première condition on utilise une base de données où l'ensemble d'informations portant sur les types exportés par différents outils de workflow doit pouvoir importer les types qui sont définies dans la base de données commune pour satisfaire le second point.

Le principal problème de cette architecture réside dans le fait que la plupart des entreprises disposent déjà de leurs propres outils de workflow et que, dans ce cas, les invocations des médiation (qui sera installé) et le système de workflow global.

o Dans le dernier cas, un composant de médiation constitue la « colle » entre les outils de workflow locaux. (Ce composant n'est pas un système de workflow global) les technologies utilisées pour implémenter cette architecture reposant sur CORBA-OMG, et les composants sont des objets distants.

Discussion .

Si nous regardons les travaux portant sur les systèmes fédérés, on trouve bien qu'ils sont différents de ceux des bases de données fédérées, même s'ils utilisent certaines caractéristiques de ces dernières (du à l'importance des sources de données dans les systèmes d'information).

Les systèmes fédérés considèrent ces outils selon les trois axes : autonomie, hétérogénéité, et distribution et utilisent des formalismes canoniques ainsi que les technologies permettant de faire interopérer les participants (tel que OMG-CORBA), alors que les bases de données fédérées ne pêrmet de résoudre qu'un sous ensemble de notre problématique dû à la nature des composants dont leur univers de discours respectif varie peu (il s'agit toujours de composants de base de données). Nous notons encore que les approches bases de données et workflow ont fait l'hypothèse que l'autonomie des composants devait être garantie sans en mesurer le degré.

II.6.5 Fédérations pour l'assemblage d'outils .

Parmi les contraintes qui se posent dans la construction d'application à partir d'outils qui sont eux même simplement des applications, qui vont coopérer entre elles, est le fait qu'on ne peut pas modifier les outils, et l'application créée doit être fiable et évolutive, et, pouvoir être administrée. On peut distinguer deux types de fédérations :

- ❏ Les **fédérations génériques** sont constituées d'outils généraux (comme Word, CVS, etc…).
- ❏ Les **fédérations spécifiques** à un domaine d'application allient des outils liés à un même domaine d'application.

Dans cette collaboration, les outils utilisés, en plus de ne pas être modifiables, ont aussi un fonctionnement autonome. En fait, il doivent pouvoir s'exécuter seul ou sur la demande de la fédération. Ils doivent aussi **conserver la confidentialité des données et fonctionner en ignorant l'application qui gère leur collaboration au-dessus et les outils à côté** (impliqués dans la fédération).

L'application ainsi formée doit allier fiabilité et performance, tout en conservant la transparence vis à vis des outils et en mettant en commun les données nécessaires. La cohérence des données communes sera donc indispensable, d'où la nécessité d'une synchronisation. En effet, il s'agit de pouvoir connaître les instances partagées par les divers outils, mais aussi de connaître quels outils sont accessibles à un instant donné.

On utilise alors un **méta-modèle** regroupant les concepts communs utilisés par les outils de la fédération. L'Univers Commun ou ACU (*Application Common Univers*) regroupe ces concepts et leurs instances.

Dans une approche en termes de fédération, on cherche à définir le processus ayant le moins de connaissance possible sur les outils et les ressources nécessaires. Ceci permet de réutiliser le processus dans d'autres scénarios, avec des outils différents. C'est pourquoi, on utilise la notion de **rôle**. Un rôle représente une fonctionnalité de manière abstraite (par exemple, la capacité de faire un transfert de données). D'un point de vue pratique, un outil réalisant un rôle devra implémenter l'interface le représentant. On ne s'intéresse pas à la manière dont la fonctionnalité est réalisée, mais simplement à la connaissance des rôles d'un outil. En effet, un outil implémente un (ou plusieurs) rôle et c'est ainsi que la fédération va l'utiliser : elle choisit un outil implémentant un rôle donné, et non un outil spécifique. Il faudra alors modéliser et automatiser le but de la fédération (scénario) et contrôler la coordination des outils servant à atteindre ce but.

De plus, une fédération offre la possibilité d'utiliser des **aspects**. Cette notion peut se rapprocher de la notion de trigger utilisée dans le domaine des bases de données. En effet, il s'agit de pouvoir déclencher des actions, suite à des événements produits par des opérations.

On peut définir l'instant de prise en compte des événements : déclencher les actions avant, après ou à la place de celle observée. Par exemple, on pourra choisir d'exécuter une méthode à la place d'une autre si certaines conditions sont remplies.

D'un point de vue exécution, les outils sont lancés automatiquement lorsqu'on en a besoin, et sur la machine spécifiée [Estublier et al. 2001a].

Le problème global des fédérations peut donc se diviser en trois sous-problèmes :

- les procédés,
- la fonctionnalité de l'application (comportement des entités abstraites),
- le contrôle de l'interopérabilité, l'évolution, la cohérence de l'ensemble de la fédération.

II.6.5.1 Coopération entre procédés et fédérations .

Sur la figure (II.15), on retrouve, d'une part, la gestion de procédés (avec l'outil APEL), et d'autre part, la gestion de la fédération [Estublier et al. 2001a].

Comme on peut le voir sur la figure ci-dessous, les parties de gestion de procédés et gestion de fédération sont reliées par l'univers commun de l'application (ACU). Le contrôle de cet univers, ainsi que le contrôle de la coordination et de la cohérence, sont faits par la fédération, avec le *Control Common Universe* (CCU) et le *Coordination and Consistency Control* (CCC).

De plus, chaque rôle offert par la fédération est relié à un outil spécifique (réalisant ce rôle), par l'intermédiaire d'un connecteur. Un rôle peut être relié à plusieurs outils, puisque deux outils différents peuvent fournir les mêmes fonctionnalités (par exemple, édition de textes).

Ainsi, plusieurs outils peuvent avoir un même rôle, mais aussi, un outil peut avoir plusieurs rôles.

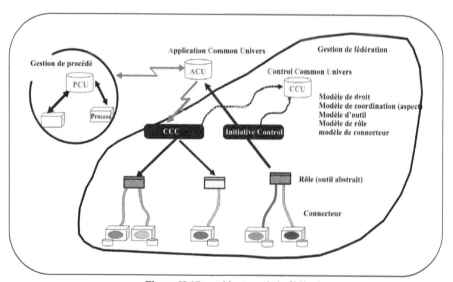

Figure II.17 : architecture de la fédération

Les outils d'une fédération sont déterministes, mais les humains qui agissent sur leurs interfaces ne le sont pas. Le but d'une fédération est de gérer cette sorte d'anarchie.

Un modèle de procédé décrit le comportement de l'application en termes d'évolution de l'ACU (*Application Common Universe*). Le CCU (*Control Common Universe*) est l'univers de contrôle (modèles et instances) des outils afin de ne pas avoir d'état incohérent dans l'univers commun.

Le CCC (*Coordination and Consistency Control*), reçoit les demandes de changement de l'ACU, puis cherche quels outils sont impliqués. Puis, il définit la cohérence nécessaire (contrôle de transaction, contraintes temporelles, etc…) et invoque les outils en appliquant les contraintes de cohérence souhaitées. Pour réaliser ces opérations, le CCC interprète un modèle de coordination (stocké dans le CCU). Il a aussi la connaissance des rôles, droits et devoirs de chaque composant de la fédération et applique la coordination.

II.6.5.2 Architecture d'une implémentation d'une fédération .

Toute fédération dispose d'une architecture client - serveur pour son exécution, comme l'indique la figure suivante.

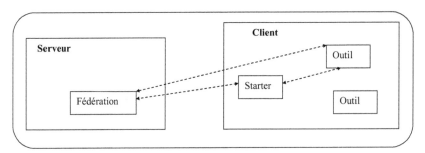

Figure II.18 : Architecture d'une fédération

Le serveur contient le moteur de la fédération. Tout client a un « starter » et des outils contrôlés ou non par la fédération. Le *starter* est lancé par la fédération et lui permet d'avoir accès au site du client.

II.6.5.3 Composition d'une fédération .

Une fédération est composée de trois éléments : le concepteur (outil de conception d'une fédération), le stockage et le moteur, que l'on retrouve sur la figure suivante.

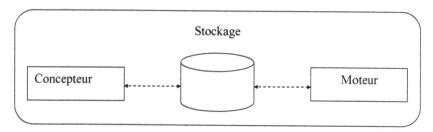

Figure II.19: Eléments d'une fédération

Le **concepteur** permet de construire une application comme une fédération de composants et d'outils (il sera développé dans la partie suivante).

Le **stockage** se fait dans une base de données, qui stocke les éléments et les relations d'une fédération définie par le concepteur. Cette base de données contient la description abstraite des composants et des outils, la description concrète des outils, le modèle de droits et les procédures de la fédération. D'autre part, elle contient les exécutables des connecteurs (reliant un rôle à un outil) et les outils locaux.

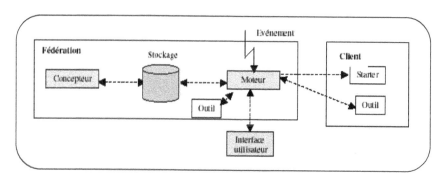

Figure II.20: Fonctionnement du moteur de la fédération

Le **moteur** est au centre de la fédération. Dès que le starter a été lancé sur le client, celui-ci est relié à la fédération. Le moteur de la fédération observe les événements de l'univers commun. Lorsqu'un événement se produit, on fait une requête au système de stockage. Cette requête permet de déterminer si l'événement reçu fait partie de ceux auxquels il faut réagir. On décide alors d'exécuter une procédure de la fédération ou d'ignorer l'événement.

II.6.5.4 Communication entre client et serveur .

Les composants (outils) participant à la fédération sont reliés au moteur de la fédération par l'intermédiaire de connecteurs.

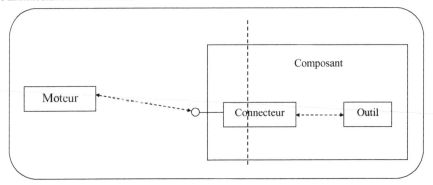

Figure II.21: Connexion *des outils au moteur de la fédération*

Un **composant** est un élément d'une application qui fournit un service à la fédération. Un composant peut être aussi bien une application telle que Word, CVS, etc... qu'un composant EJB, Java ou C++... Le connecteur se charge de la communication entre la fédération et l'outil. Le type de communication entre le moteur et le connecteur est un appel direct de méthode.

Un **connecteur** est composé de deux parties : un proxy et un wrapper, qui communiquent par Java RMI. D'une part, le proxy s'exécute sur la machine du moteur de la fédération. Il implémente les interfaces associées au rôle que l'outil va jouer. D'autre part, le wrapper s'exécute sur la machine de l'outil. Il se comporte comme un adaptateur entre l'outil et la fédération.

II.7 Bilan et remarques sur les fédérations d'outils et l'état de l'art .

II.7.1 Critères de comparaison .

Ce chapitre a fait un parcours des différents approches permettant l'assemblage de composant logiciels, et pour évaluer ces approches on va considérer les critères suivants :

- o La spécification et la modélisation des composants,
- o La préservation de l'autonomie des composants,
- o L'interopérabilité (syntaxique et sémantique),
- o La flexibilité du contrôle,
- o Les paradigmes d'assemblage,
- o La diversité des moyens techniques,
- o La modélisation globale du système.
- o Le type d'approche adoptée (intrusive ou non-intrusive, déductive ou inductive),
  - 1- les approches intrusives : dans ces approches il peut y avoir des modifications du code source des outils
  - 2- les approches non intrusives : pas d'intervention sur le code source.
- o Et pour les proposition d'assemblage (déductive ou inductive)
  - 1- Approches déductive : on déduit à partir des techniques d'assemblage, des caractéristiques sur les composants.
  - 2- Approches inductive : on déduit les techniques d'assemblage à partir des caractéristiques des composants à assembler.

Le tableau suivant présente les critères énoncés dans l'état de l'art et résume le positionnement des fédérations d'outils par rapport à ces critères.

Critères Domaines	CBSE	EAI	Approches d'interopérabilité	SIF	Fédération d'outils
Modélisation des composants	Oui	Non (pas de modélisatio n)	Non (pas de modélisation)	Faible	*Composants* concepts de modèle d'outils et instance d'outils
Autonomie des composants	Pas de prise en compte	Prise en compte	Pas de prise en compte	Faible	Prise en compte
Approche intrusive ou non intrusive	Intrusive	Non Intrusive	Intrusive et non Intrusive	Intrusive et non Intrusive	non Intrusive (pas de modification de code source des outils)
Approche déductive ou inductive	Déductive	Inductive	Inductive	Déducti ve	mixte
Interopérabilité syntaxique			Prise en charge	Prise en charge	Prise en charge au niveau des représentants
Interopérabilité sémantique			Prise en charge	Prise en charge	Prise en charge au niveau des représentants
Flexibilité du contrôle	Non	Non	Non	Non	Concepts de rôle et d'aspect
Paradigmes d'assemblage	Non	utilisé	utilisé	Non	Combinaison des représentants, des façades et des aspects permettant de mettre en oeuvre différents paradigmes d'assemblages
Moyens techniques	utilisé	utilisé	Non utilisé	utilisé	Implémentation de la fondation de contrôle
Modélisation globale	Architecture logicielle	Non	Non	Non	L'ensemble des concepts – langage FTML

Tableau II.2 : Les fédérations d'outils par rapport à l'état de l'art

L'approche de fédérations d'outils présente (par rapport aux autres approches) l'avantage de modéliser et de tenir compte de la modélisation des participants de la fédération.

En ce qui concerne les systèmes à base de composants les travaux dans ce domaine tentent de proposer des spécifications à partir desquelles les composants sont développés (adhésion à un modèle spécifique). Cette démarche vient à l'encontre de celle des fédérations d'outils pour laquelle, au contraire, aucune hypothèse n'est faite sur l'origine des applications, ni même sur les spécifications à partir desquelles elles ont été développées.

La participation des outils n'entrave pas leur autonomie (technique : aucune modification de leur code source, organisationnel : préservation du contexte et de l'environnement d'origine). Leur

54

adaptation se fait en ayant recours à des composants intermédiaires (les représentants et les façades). Ces composants intermédiaires peuvent également être réutilisés par ailleurs (dans d'autres fédérations) et assurent l'interopérabilité entre chaque outil et l'univers commun. (De l'application).

Ainsi l'approche des fédérations d'outils, est la seule à prendre en compte l'ensemble des critères présentés dans le tableau II.2. A la fois, il s'agit de la seule approche permettant de modéliser un système complet (le quoi, le qui, le comment) avec un niveau d'abstraction relativement élevé, et de mettre à la disposition des utilisateurs des moyens (fondation de contrôle, fondation du processus) qui implémentent la modélisation. Si ses objectifs sont proches de ceux des approches dans le domaine de l'EAI, cette démarche diffère cependant des solutions apportées dans ce domaine qui sont de bas niveau, privilégiant les moyens techniques à la conception et à la construction de systèmes intégrant des applications hétérogènes.

II.7.2 Conclusion .

Notre objectif est la modélisation globale de fédérations selon une approche non intrusive qui est le cas le plus général et pour lequel peu de propositions sont à recenser. Les travaux que nous avons regardés ont mis l'accent sur les différentes approches qui sont connexes à notre problématique, cependant nous notons que les approches CBSE (ingénierie des systèmes basés sur des composants) ne résolvent pas concrètement les problèmes d'assemblage de composants existants (notamment de type COTS). De leurs côtés, les bases de données fédérées ne s'intéressent qu'au cas des composants de "type" SGBD... Et non n'importe quel composant (COTS ou autre). Les fédérations d'outils sont bien adaptées à notre problème de construction de fédérations à partir de fédérations existantes pour l'exploitation de tous les outils et des applications qui se réalisent par ces outils.

Et pour cela nous souhaitons pouvoir utiliser les points forts de chaque approche pour atteindre notre objectif. Cependant, nous pensons qu'il est important de disposer un cadre conceptuel dans lequel ces points forts peuvent être exploités.

Nous passons maintenant à la troisième partie de ce document. Dans cette partie, nous tentons d'identifier une architecture logicielle qui s'applique dans un contexte d'assemblage général et qui propose des solutions aux points ouverts des approches étudiées dans ce chapitre. De plus, nous essayons d'exploiter, de manière raisonnable, les points positifs des approches actuelles.

Chapitre 3

Solutions proposées

III.1 Introduction.

Dans le chapitre précédent nous avons étudié entre autre une fédération comme étant une architecture logicielle, ouverte et dynamique, permettant de construire une application par assemblage d'éléments logiciels de différentes natures.

Dans ce chapitre nous tentons de généraliser cette architecture, en proposant une méta-fédération pour construire des applications assemblant des fédérations d'outils qui peuvent être existantes et cela en facilitant l'adaptation de ces fédérations.

Nous reprenons avec plus de détail dans ce qui suit les problèmes de recouvrements des concepts des fédérations d'outils, l'indéterminisme des comportements de chacune des fédérations d'outils dans le cadre d'une fédération globale, les incohérences entre les concepts tels qu'ils sont définis et leurs implémentations au niveau des fédérations d'outils, ainsi que les différents niveaux d'abstractions, puis nous proposerons une solution à chacun d'eux. Nous discuterons ensuite la faisabilité de la solution à travers les techniques de développement d'applications distribuées.

III.2 Problématique.

III.2.1 Rappel des besoins et des objectifs.

Tout au long du document, plusieurs besoins ont été recensés. On s'est fixé dés le début comme problématique la construction d'une fédération dont les participants sont des fédérations d'outils logiciels, certaines d'entre elles étant disponibles pour la réalisation d'autres applications.

L'enjeu est de permettre de construire une application logicielle à partir d'applications logicielles existantes dont le fonctionnement sera cohérent pour l'utilisateur final, permettant de satisfaire les buts qu'il s'est fixé.

Nous nous intéressons à l'ensemble des fédérations d'outils logiciels (moyens informatiques) qui constituent ce que nous avons qualifié de *méta-fédération d'outils* ainsi qu'aux moyens permettant l'assemblage de ces fédérations d'outils.

Cette méta-fédération d'outils se place dans un contexte :

1. De **distribution** : les fédérations d'outils sont potentiellement répartis sur plusieurs sites géographiquement éloignés ;

2. **D'hétérogénéité** : les fédérations d'outils sont hétérogènes (du fait de l'hétérogénéité des outils qu'elles fédèrent) ;

3. **D'accessibilité** : les fédérations d'outils doivent pouvoir être sollicités

4. **D'autonomie** : les fédérations d'outils doivent participer à la méta-fédération mais doivent pouvoir, rester disponibles dans leurs environnements respectifs (autonomie locale) de même que l'information qu'ils gèrent localement peut être à caractère confidentiel ;

5. **D'évolution** : les fédérations d'outils peuvent être sollicités différemment. elles peuvent quitter la méta-fédération, ou y participer à n'importe quel moment selon les exigences et les besoins du processus ;

6. De **coopération** : les fédérations d'outils sont amenés à coopérer de manière à atteindre les buts de la méta-fédération ;

7. De **contrôle** : la flexibilité et le contrôle de la méta-fédération (la manière de gérer la coopération des fédérations d'outils) doit être assuré.

III.2.2 Qu'est-ce qu'une fédération d'outils ?

Notre objectif est de construire des fédérations dont les participants sont des fédérations d'outils qui ont l'architecture décrite dans le chapitre précédent (section II.6.5)

Ainsi chaque fédération d'outils est constitué de :

Un **univers commun** (UC) comme étant un ensemble d'entités, chacune étant partagée par au moins deux outils participant à la fédération.

Une fondation : l'univers commun et l'ensemble des outils contribuant à l'évolution de cet univers commun, impliqués et caractérisant une application.

III.2.3 Qu'est-ce qu'une fédération de fédération d'outils (méta-fédération) ?

De la définition donnée par [Hachette 2004], nous pouvons extraire trois idées fondamentales:

1. L'identification des entités indépendantes ;
2. L'assemblage des entités pour satisfaire un but ;
3. L'autorité commune.

Aussi, nous définissons une *méta-fédération d'outils* logiciels comme étant un assemblage de fédérations d'outils logiciels et autonomes, soumis à une autorité commune en vue de réaliser une application.

Cette définition permet de distinguer :

- □l'identification du but (réalisation de l'application) ;
- □l'identification des fédérations d'outils pouvant satisfaire le but (réaliser l'application) ;
- □l'assemblage des fédération d'outils soumis à une autorité commune.

On aura alors à définir les dimensions de base de tout système à base de composants, c'est-à-dire [Bolusset et al. 1999] :

i. le *quoi* (but) ;

ii. le *qui* (les fédération d'outils) ;

iii. le *comment* (l'assemblage).

Notre méta-fédération fait partie de ces systèmes à base de composants tout en ajoutant les caractéristiques suivantes :

- l'indépendance des fédérations participantes
- l'autorité commune.

D'un point de vue **informel**, Les fédérations d'outils doivent alors coopérer pour atteindre les buts de méta-fédération à laquelle elles font partie (la notion de fédération sous-entend une mise en commun de "moyens").

D'un point de vue **opérationnel**, nous souhaitons contrôler la coopération des fédérations participantes, donnant plus ou moins d'importance aux "libertés" de chacune d'elles.

D'un point de vue **conceptuel** et **technique**, les fédérations outils hétérogènes doivent être adaptés (voir les travaux de [Stonebraker 1999, SEI 1997, Ben Ghazala et all 2003] sur l'adaptation) pour permettre le "partage" ou une certaine compréhension de la "communauté" et qu'ils puissent se joindre à la méta-fédération.

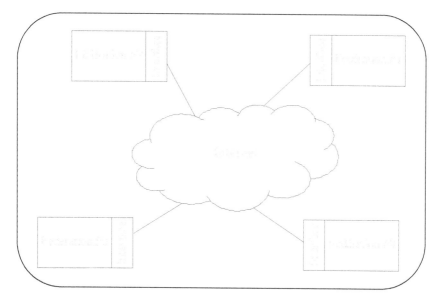

Figure III.1 : Les fédérations d'outils dans un environnement distribué

L'interface de la fédération *F1* est celle de l'univers commun de l'application de *F1* ;

Nous avons donc à répondre aux questions suivantes :

- Comment pouvons-nous exprimer la "communauté" ?

- Comment pouvons-nous contrôler la méta-fédération ?

- Comment pouvons-nous faire en sorte que les fédérations d'outils participent à la communauté qui aura été définie ?

Ce qui fera l'objet de la suite de ce chapitre.

III.2.4 Les problèmes à résoudre dans la méta-fédération d'outils.

En partant des caractéristiques des fédérations d'outils présentées précédemment et en regard de nos objectifs, la méta-fédération d'outils s'accompagne de problèmes qu'il faut résoudre :

1. le recouvrement (partiel) des fonctionnalités et des concepts des fédérations d'outils de la méta-fédération,

2. l'indéterminisme des comportements de chacune des fédérations d'outils dans le cadre d'une méta-fédération,

3. les incohérences entre les concepts tels qu'ils sont définis et leurs implémentations au niveau des fédérations d'outils,

4. les différents niveaux d'abstraction.

Nous allons, dans les sections suivantes, présenter notre proposition et montrer en quoi elle propose des solutions pour les quatre problèmes que nous venons d'énoncer.

III.3 Le recouvrement (partiel) des fonctionnalités et des concepts des fédérations d'outils.

III.3.1 Présentation du problème.

Chacune des fédérations d'outils qu'on manipule possède sa propre interface qui est bien son univers commun (qui contient les différents services en commun des outils qu'elle fédére), donc elles partagent les mêmes concepts même s'il existe des différences notables entres elles (dû à la différence des outils qu'elles manipulent ainsi que la différence des applications qu'elles réalisent)).

Imaginons une fédération comprenant les services du gestionnaire de versions RCS et une autre fédération comprenant les services du gestionnaire de versions CVS, ainsi qu'un gestionnaire de configuration Adele qui sera utilisé pour mettre à jour les espaces de travail des différents utilisateurs.

Dans le cas du transfert de produit (ce produit étant un document de spécifications), chacune de ces fédérations doit "connaître" le document à transférer mais chacune décline sa propre "vision" du document en fonction de son univers de discours.

Ainsi, les fédérations d'outils sont impliquées dans différentes "sections", "aspects" du document dans le cas du scénario de transfert.

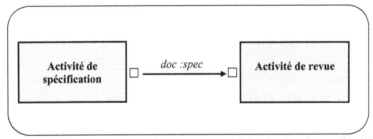

Figure III.2 : Transfert de produit entre deux activités selon le méta modèle d'APEL

III.3.2 Solution proposée.

Nous proposons de définir un ensemble de concepts communs et selon un haut niveau d'abstraction, permettant de mettre sous un même édifice l'ensemble des connaissances communes et des concepts manipulés par les fédérations d'outils composant la méta-fédération. Ces concepts "communs" sont directement liés à l'application de la méta-fédération. Ainsi, aurons-nous à définir une abstraction du document de spécification, pour le scénario présenté.

Ainsi, les fédérations d'outils participent à l'évolution de l'univers commun en agissant sur son état. Dans le cadre que nous venons de décrire, nous appelons:

Fondation : l'univers commun et l'ensemble des fédérations d'outils contribuant à l'évolution de cet univers commun, impliqués et caractérisant une application.

Selon cette vision, l'état (abstrait) de l'application à un instant donné est l'état de l'univers commun appelé **univers commun de l'application** (UCA), à ce même instant.

L'état de l'univers commun est modifié par sollicitations d'un ensemble de services (synchrones ou asynchrones) constituant les **services de la fondation**.

La **fondation de l'application** (FA) est l'UCA et l'ensemble des fédérations d'outils impliqués dans l'évolution de l'UCA.

Nous définissons donc une fondation *Fond.* comme :

$$Fond. = \{UC_{Fond}, F_1, F_2, ..., F_n, MI_{Fond}\}$$

Avec :

- UC_{Fond} l'univers commun de la fondation,
- $(F_1, F_2, ...F_n)$ les fédérations d'outils de la fondation,
- MI_{Fond} les mécanismes permettant l'interaction des fédérations d'outils avec l'univers commun.

Cela se traduit, au niveau de l'architecture d'une fondation par un composant appelé "univers commun" permettant le stockage des entités et de leurs concepts, une interface (API) permettant la manipulation de ces entités (consultation et modification de l'état de l'univers commun) ainsi qu'un gestionnaire de notifications. Le principe de fonctionnement de l'univers commun a été largement étudié [Heimbigner 1992, Estublier et al. 1998b, Ben-Shaul et Kaiser 1998, Estublier et Verjus 1999, Estublier et al. 2001].

Le fonctionnement de la fédération est caractérisé par le fonctionnement de la fondation (identité entre les deux). Cette dernière, comme nous l'avons vu, suit un comportement qualifié d' "anarchique" [Estublier et Verjus 1999, Estublier et al. 2001a] (voir figure III.3).

Les services de la fondation sont appelés les services de la méta-fédération ou, **services fédéraux**.

Selon ce modèle, la connaissance "commune" à l'ensemble des fédérations d'outils et permettant leur synchronisation est "librement" gérée. Il n'y a aucun contrôle de cohérence de la fédération (absence de règle de fonctionnement explicite).

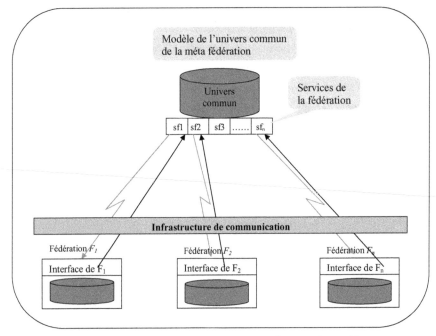

Figure III.3 : La méta-fédération et le paradigme de l'anarchie

III.3.3 Exemple.

La fondation dans le cas du transfert du produit est constituée d'un univers commun contenant l'état du procédé en cours (états des instances définies à partir d'un méta-modèle de procédé – dans notre cas il s'agit du méta-modèle d'APEL [Dami 1999]), les fédérations d'outils participant à l'évolution de cet univers commun manipulant des outils qui sont des EGLCP, ou des PSS.

III.3.4 Discussion de réalisation.

Pour définir l'UCA il faut :

1. Recenser l'ensemble des concepts pertinents de l'application et pouvant concerner au moins deux fédérations d'outils.
2. Exprimer ces concepts à l'aide d'un formalisme.

La première des tâches demeure une question de recherche et n'est pas chose aisée. Elle reste une activité humaine car elle requiert des facultés intellectuelles qui ne peuvent être automatisées.

Dans la pratique, les concepts retenus sont exprimés par un schéma de base de données. Cette base de données constitue l'univers commun et contient l'ensemble des entités de ce dernier. Comme toute base de données, l'univers commun dispose d'un ensemble de primitives (modification du schéma, ajout/suppression d'objets de la base, etc.).

L'implémentation de ces services va utiliser les primitives de la base de données (sous forme de requête – DELETE * FROM activity WHERE activityId="id";- ou autre).

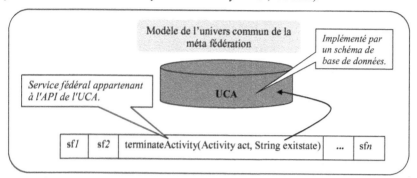

Figure III.4 : Un univers commun avec l'ensemble des services fédéraux

Nous considérons, dans le cas du scénario de transfert de produit, un service fédéral "terminateActivity(Activity act, String exitstate)" (voir Figure III.3) dont l'identifiant est "terminateActivity". Ce service utilise de façon implicite la sémantique et les concepts du méta-modèle de processus d'APEL ; sur invocation de ce service, l'activité du processus (stockée dans l'univers commun) dont la référence est un objet de la classe Java Activity passe à l'état "terminé" et provoque le transfert de l'objet doc:spec de l'activité source vers l'activité cible.

III.3.5 Conclusion.

Cette thèse ne couvre pas la définition de l'UCA pas plus qu'elle n'apporte de moyen ni de méthodologie pour faciliter son obtention. Dans le cas de fédérations "simples", où l'application est clairement définie et où le nombre de fédérations d'outils (peu complexes) est restreint, la définition d'un univers commun n'est pas très compliquée. En revanche, pour une méta-fédération complexe, intégrant un nombre important d'outils (dont certains peuvent être particulièrement complexes), cette définition peut s'avérer relativement coûteuse.

III.4 La gestion du contrôle de la méta-fédération.

Les fédérations d'outils participante à la méta-fédération que nous étudions, sont comme les outils bien souvent déterministes intrinsèquement : cela veut dire qu'elles ont, par l'intermédiaire de leur code source, un fonctionnement "programmable" et déterminé. En revanche, la plupart des fédérations d'outils ont des interactions avec leur environnement. Cet environnement est constitué du serveur sur lequel s'exécute la fédération d'outils (comprenant entre autre, un système de fichiers, des périphériques, etc.), et des utilisateurs sollicitant la fédération d'outils de différentes manières :

- Au travers d'une interface utilisateur (qui représente l'univers commun de la fédération d'outils).

- En utilisant un langage de commandes (si la fédération d'outils peut être invoquée par des commandes).

- Etc.

Ces interactions s'effectuent dans les deux sens, (1) de la fédération d'outils vers l'environnement (c'est le cas, par exemple, lorsqu'un éditeur va enregistrer un fichier : il modifie le système de fichier),

(2) de l'environnement vers la fédération d'outils (cas des sollicitations des utilisateurs par exemple).

Aussi, le comportement intrinsèquement déterministe de la fédération d'outils n'est plus garanti lorsque celle-ci est immergée dans un environnement fertile en sollicitations.

III.4.1 Le contrôle des initiatives des fédérations d'outils dans le cadre d'une méta-fédération.

III.4.1.1 Présentation du problème.

En reprenant le scénario, issus de domaine des EGLCP, nous constatons que les fédérations d'outils de notre méta-fédération présentent des similitudes à la fois dans certains des concepts comme nous l'avons vu mais également dans leurs fonctionnalités. Il est possible que plusieurs fédérations d'outils fassent la même chose simultanément (par exemple, l'édition d'un même fichier – et donc deux services d'édition de fichiers– différents.) et ainsi, modifient une même entité de l'univers commun simultanément ce qui aurait pour conséquence de produire une incohérence au niveau de l'état de ce dernier. La "libre entreprise" et l'initiative laissée aux outils sont source d'incohérence de l'univers commun.

Il serait donc intéressant de pouvoir disposer de mécanismes permettant de contrôler les initiatives des fédérations d'outils, en limitant par exemple leurs possibilités, en dédiant un "aspect" de l'UC à une fédération d'outils spécifique, etc.

Il revient alors de contrôler :

1) Les actions des fédérations d'outils sur l'UC,

2) Les réactions potentielles des fédérations d'outils face aux changements d'état de l'UC.

III.4.1.2 Solution proposée.

Nous proposons de placer un niveau de contrôle (voir Figure III.5) entre les fédérations d'outils et l'univers commun dont l'objectif est de :

1. contrôler les invocations de l'UC émanant des fédérations d'outils,

64

2. contrôler les souscriptions des fédérations d'outils et les notifications vers les fédérations d'outils.

C'est-à-dire, de contrôler les initiatives des fédérations d'outils dans le cadre de la méta-fédération. Ainsi, le concepteur de la méta-fédération va pouvoir définir des interdictions concernant les fédérations d'outils. Une interdiction associe un service fédéral et une fédération d'outils en qualifiant s'il s'agit d'une invocation (le fait d'invoquer le service fédéral en question) ou d'une observation (fait de recevoir des notifications lorsque le service fédéral en question a été invoqué).

Le but est de donner la possibilité, au concepteur de la fédération, de restreindre le comportement des fédérations d'outils de la méta-fédération en inhibant tout ou partie de leurs initiatives (inhibition des "libertés").

Pour permettre de mettre en oeuvre les interdictions il nous faut un composant de contrôle dont le but est d'intercepter et de contrôler la légitimité des invocations et des notifications.

Ce composant de contrôle fait partie d'une fondation de contrôle (qu'on a définie par analogie à la fondation de l'application) qui est constituée de :

- Un univers commun, appelé ici **univers commun de contrôle** (UCC), contenant pour ce niveau, un ensemble d'interdictions.

- Un ensemble de fédérations d'outils impliqués dans cet univers commun de contrôle,

- Des mécanismes d'interactions permettant aux outils de la fondation de contrôle (FC) de communiquer avec l'UCC.

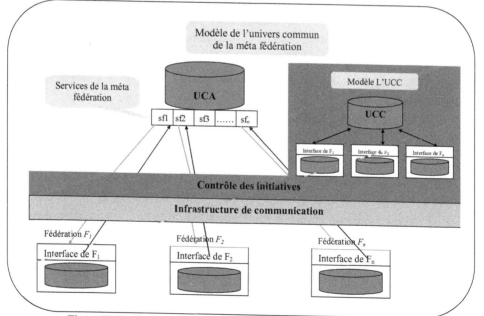

Figure III.5 : Le méta-fédération et le paradigme de l'anarchie contrôlé

III.4.1.3 Exemple.

Imaginons que lorsque l'activité de spécification est terminée, nous voulons que le service de l'outil CVS de la fédération f_l fasse une révision de ce document mais que les autres gestionnaires de révision (RCS, etc.) d'autre fédérations ne fassent pas de même (car cela ne les concerne pas !). Il est alors utile de bloquer les demandes de souscriptions émanant des autres fédérations (service de gestionnaires de révision) sauf f_l concernant les notifications du transfert de produit et de bloquer les notifications dans le cas où cette interdiction surviendrait au cours de l'exécution de la fédération.

Seul le service de gestionnaire de révision de la fédération f_l (de l'outil CVS) sera informé (par notification) du transfert de produit et pourra (il est "libre" au sens où l'initiative lui est laissée par réaction à la notification) effectuer une révision du document.

III.4.1.4 Discussion de réalisation.

Pour matérialiser ce niveau de contrôle, nous introduisons le concept de **rôle** : Un rôle est une vision abstraite d'une fédération d'outil : ce n'est pas un composant existant mais un composant défini avec les concepts de l'application (de la fédération). La description du rôle comprend :

- Les obligations, c'est-à-dire l'ensemble des services fournis et les souscriptions ;
- Les interdictions portantes, soit sur les invocations des services fédéraux, soit sur les notifications résultant de l'invocation des services fédéraux ;

Ces interactions peuvent être de simples appels de services basés sur le mécanisme RPC si elles s'effectuent entre deux fédération d'outils (logiquement) différentes et (éventuellement) distantes.

Pour satisfaire les objectifs de la méta-fédération, le concepteur va devoir faire des allers-retours pour adapter la définition de l'UCA aux rôles et vice-versa en fonction des caractéristiques réelles des fédérations d'outils.

III.4.2 Le contrôle de l'évolution de l'état courant de l'univers commun.

III.4.2.1 Présentation du problème.

Le but de la méta-fédération est la réalisation de l'application, cette réalisation dépend des comportements du concepteur (humain) qui sont souvent imprévisibles utilisant des technologies qui lui sont mise à disposition. Et comme nous l'avons vu dans le premier chapitre, portant sur les EGLCP un modèle de procédé décrit le comportement attendu du monde réel et l'évolution attendue de ce dernier. Il revient alors de résoudre ce problème d'indéterminisme dans la méta-fédération.

III.4.2.2 Solution proposée.

Nous proposons de définir un modèle de procédé qui décrit le comportement attendu de l'univers commun de l'application (UCA) et l'évolution attendue de ce dernier.

Ce modèle ainsi défini peut être vu comme l'expression formelle du **procédé** permettant d'atteindre les buts de la méta-fédération, c'est-à-dire, permettant de réaliser l'application.

Ce modèle de procédé fait partie d'une troisième fondation qu'on appelle fondation du procédé (qu'on a définie par analogie à la à la définition générale d'une fondation) qui est constituée de :

- Un univers commun, appelé ici **univers commun du procédé** (UCP), contenant un modèle du procédé.

- Un ensemble d'outils impliqués dans cet univers commun de processus. Ces outils sont les outils identifiés dans les technologies processus, à savoir les composants "classiques" d'un EGLCP, des PSS, etc., entre autres les composants participant (lors de l'exécution) au processus d'évolution de l'UCA (outils de monitoring, outils de stratégie d'évolution, outils de décisions pour la réconciliation, outil d'implémentation des changements, etc. voir [Cunin et al. 1999, Cunin 2000, Alloui et al. 2000]),

- Des mécanismes d'interactions permettant aux outils de la fondation de procédé (FP) de communiquer avec l'UCP.

Ainsi, la fondation du procédé est un EGLCP pouvant être plus ou moins complet (donc intégrant plus ou moins d'outils) suivant les besoins, c'est le moteur de processus qui va se charger de l'exécution du processus.

Ainsi notre méta-fédération sera représentée par le schéma suivant :

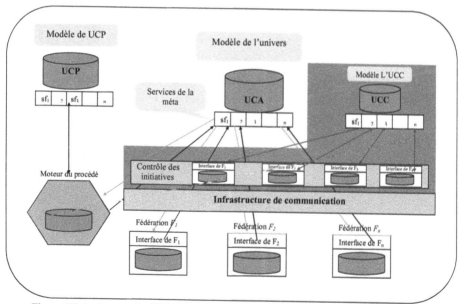

Figure III.6 : Apport des EGLCP pour la gestion de l'évolution des fédérations d'outils

III.4.3 La coordination des fédérations d'outils.

III.4.3.1 Présentation du problème.

Le niveau de contrôle qu'on a définie entre les fédérations d'outils et l'univers commun ne concerne que le contrôle des initiatives des fédérations d'outils et non pas la coordination entre ces dernières d'autant plus, le contrôle par le procédé tel que nous venons de le proposer offre une solution à l'imprévisibilité dans le sens où il permet de définir le comportement *attendu* de l'univers commun de l'application (de la méta-fédération), cependant, il n'offre aucune solution à l'indéterminisme de la méta-fédération et à un contrôle plus rigoureux en intervenant directement au niveau des fédérations d'outils. En effet, le contrôle par le procédé agit sur l'UCA et non sur les fédérations d'outils.

Si nous reprenons le scénario du transfert de produit, le transfert du document entre les deux activités devrait impliquer plusieurs fédérations d'outils:

- o La fédération d'outils du service gestionnaire des espaces de travail qui va mettre à jour les espaces de travail des utilisateurs concernés (ceux de l'activité source et ceux de l'activité avale),

- o La fédération d'outils du service des gestionnaires de révisions qui vont être amenés à faire une révision du document,

- o etc.

Dans nombre de ces cas (où plusieurs fédérations d'outils sont impliqués dans le changement d'état de l'UCA), il est nécessaire que les actions des différentes fédérations d'outils soient coordonnées pour garantir la cohérence du système. D'autre part, d'autres propriétés sont souvent à prendre en compte comme la gestion des transactions (faire en sorte que l'enchaînement de ces actions soit inclus dans une transaction), etc.

III.4.3.2 Solution proposée.

Nous définissons un niveau de contrôle de cohérence et de coordination (voir Figure III.7) dont l'objectif est de permettre:

• Le contrôle et la gestion des transactions,

• Le contrôle et la gestion des contraintes temporelles,

• Le contrôle et la gestion de la coordination des actions des fédérations d'outils.

Le comportement défini par le concepteur de la méta-fédération (transaction, ordonnancement des actions des fédérations d'outils, etc.) sera alors exécuté par ce niveau de contrôle par invocation des fédérations d'outils, et cela en interprétant un modèle de coordination qui aura été stocké dans l'UCC, donc dans ce dernier on a deux modèle :

- un modèle de contrôle des initiatives individuelles
- un modèle décrivant les fédérations d'outils
- un modèle de coordination

D'où l'un des rôles de la fondation de contrôle est justement d'intercepter les requêtes en destination de l'UCA (seul connu des fédérations d'outils) et d'exécuter le modèle de coordination à l'insu des fédérations d'outils. Et dans ce cas là les fédérations d'outil n'ont plus aucune liberté (sollicitation synchrone, point à point).

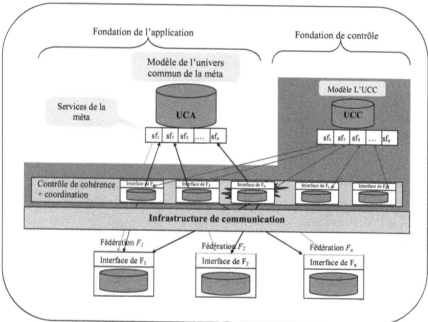

Figure III.7 : contrôle et coordination des fédérations d'outils

II.4.3.3 Discussions de réalisations.

Pour matérialiser ce niveau de contrôle, nous introduisons le concept **d'aspect** : Chaque aspect contient l'expression de la coordination des différentes fédérations d'outils, exécutée lorsqu'un service fédéral est invoqué. Par rapport à la définition de la fédération donnée dans [Hachette 2004], les aspects sont l'expression de l'*autorité commune* de la fédération.

Techniquement, les appels distants en direction de l'UCA vont être capturés ; pour ce faire, les composants de la fondation de contrôle agissent au niveau de l'infrastructure de communication permettant la re-direction des appels et des invocations.

II.4.4 Conclusion.

Les différentes possibilités de contrôle d'une méta-fédération d'outils permettent de répondre aux problèmes évoqués au début de ce chapitre à savoir :

- Le recouvrement des fonctionnalités et des concepts des fédérations d'outils de la méta-fédération est géré essentiellement par le niveau de contrôle des initiatives (section III.4.1) ;

- Les problèmes liés aux comportements non déterministes des fédérations d'outils et à l'évolution de l'univers commun de l'application sont traités :

  - Par le niveau de coordination des fédérations d'outils (section III.4.3) ;

  - Par l'ajout d'une fondation du procédé dont le rôle est de décrire puis d'exécuter le processus d'évolution de l'UCA (section III.4.2).

La gestion du contrôle de la méta-fédération permet de répondre aux problèmes de recouvrement, d'imprévisibilité et d'indéterminisme. Nous avons identifié deux autres problèmes:

- L'incohérence entre les concepts "communs" de la méta-fédération et leurs implémentations au niveau des fédérations d'outils de la méta-fédération ;

- Pouvoir rendre disponibles les fédérations d'outils afin qu'elles puissent intégrer une méta-fédération d'outils.

Ces deux points vont faire l'objet de la section suivante. Ils montrent que des fédérations d'outils ne peuvent pas être immergés dans un environnement coopératif (cas d'une fédération) et être immédiatement opérationnels (pouvoir être sollicités). Au contraire, elles doivent être adaptées car elles représentent un ensemble de services d'outils issus du marché où [Brown et Wallnau 1996, SEI 1997, Kontio 1996, Abts et Boehm 1997, Morisio et al. 2000] ont montré qu'une phase d'adaptation est nécessaire.

III.5 Adaptation des fédérations d'outils.

III.5.1 Présentation du problème.

Le contrôle des fédérations d'outils tel qu'il a été présenté ci-dessus n'est pas aussi facile, du fait que les fédérations d'outils doivent :

- Être sollicités par la méta-fédération pour qu'elles remplissent les tâches incombant aux rôles endossés ;

- Solliciter les services fédéraux lorsque cela s'avère nécessaire (entre autre lorsque la modification de l'état local d'une fédération d'outil affecte l'état de l'univers commun – cohérence).

D'où la nécessité de fournir des moyens pour :

1. Rendre ces fédérations d'outils disponibles à la méta-fédération

2. Faire correspondre l'ontologie de l'univers commun et l'ontologie de chacune des fédérations d'outils (et vice-versa) ; ainsi est-il nécessaire d'adapter les outils.

Dans notre cas on ne peut pas modifier les fédérations d'outils participantes (approche non intrusive).

III.5.2 Solution proposée.

Nous définissons deux niveaux d'intégration (donc d'adaptation) :

- L'intégration conceptuelle ;
- L'intégration technique.

Dans le premier cas, nous introduisons le concept de **représentant** alors que dans le second, nous présenterons les **façades** des outils.

a- L'adaptation conceptuelle (syntaxique et sémantique) .

Nous proposons de définir un niveau d'adaptation entre les fédérations d'outils et l'UCA pour faire la correspondance entre les différents rôles définis dans le cadre de la méta-fédération et les fédérations d'outils qui réalisent ces rôles.

Dans ce niveau d'adaptation les composants utilisés sont appelés **représentant**[10], ces derniers effectuent les concordances syntaxiques et sémantiques nécessaires entre les concepts et services des fédérations d'outils, et les services déclarés des rôles endossés par les fédérations d'outils.

Le représentant remplit les fonctions principales suivantes :

- Effectuer les traductions entre l'UCA et la fédération d'outil et l'inverse.
- Mettre en place et établir la communication avec la fédération d'outil dont il est le représentant en utilisant les mécanismes d'interaction de la méta-fédération.

Ce niveau de contrôle appartient bien évidement à la fondation de contrôle car il utilise les informations de l'univers commun de contrôle.

Pour une fédération d'outils donnée est affectée un seul représentant, même si elle est amenée à endosser plusieurs rôles dans la méta-fédération.

---

[10] ''Proxy'' en anglais.

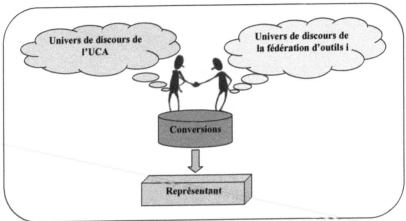

Figure III.8 : Adaptation conceptuelle des fédérations d'outils

b-   L'adaptation technique.

Pour satisfaire les besoins en communication via le réseau entre les fédérations d'outils et la méta-fédération, nous proposons d'utiliser un composant appelé **façade**[11], dont le rôle est l'intégration technique de sa fédération d'outils.

Cette intégration technique des fédérations d'outils concerne deux points (voir figure II.6) :

1- L'invocation de la fédération d'outils depuis son représentant :

Entre le représentant (présenté dans l'adaptation conceptuelle) et la fédération d'outils, il y a une impossibilité de communication en réseau entre les deux, donc impossibilité d'invoquer les services des fédérations d'outils, d'où l'utilisation de la façade pour rendre accessible au ''monde extérieur'' les services offerts par la fédération d'outils.

2- L'observation de l'état local de la fédération d'outils :

Du fait de l'autonomie des fédérations d'outils dans leurs environnements, les façades (en plus d'invoquer les représentant) ont aussi le rôle d'observer ces dernières pour synchroniser (s'il y a lieu) leur états locaux avec celui de l'UCA de la méta-fédération.

---

(11) ''Wrapper'' en anglais

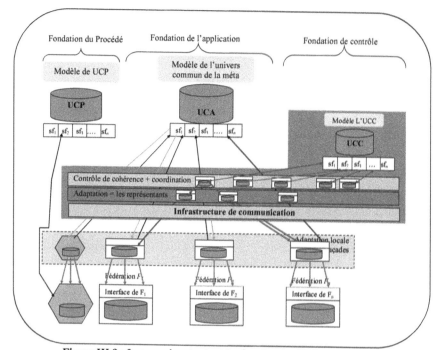

Figure III.9 : Les représentants et les façades des fédérations d'outils

III.5.3 Exemple.

1- Dans le cas du scénario de transfert de produit, le représentant va gérer une correspondance entre l'entité de l'ACU (le produit) et l'entité de l'univers de la fédération d'outil (le fichier). Lors de la première synchronisation, cette correspondance sera initialisée et le représentant "demandera" à la façade de l'outil de "surveiller" le fichier en question. Ainsi, sur chaque modification de l'état local du fichier, la façade "sait" qu'elle doit en informer le représentant qui aura la charge de synchroniser l'ACU.

Il y a donc une coopération entre le représentant et la façade pour mener à bien les synchronisations. La façade doit être en mesure de détecter les changements d'état des entités qu'elle doit surveiller.

2- Dans le cas du document de spécifications, la façade doit surveiller le système de fichier sur lequel est stocké le document[12] et peut ainsi savoir lorsque le fichier va être en cours de lecture, etc. (ce système de surveillance est basé sur l'utilisation des services du noyau du système d'exploitation).

---

[12] A partir de la première demande de révision, la façade "sait" à quel endroit du système de fichier se trouve le fichier souhaité (le chemin du fichier fait partie des informations gérées par le représentant).

III.5.4 Discussion de réalisation.

La façade contient du code qui enveloppe les services de la fédération d'outil dans leur format d'origine (commandes en ligne, messages, opérations, etc.) et les présente sous une forme permettant leurs invocations à distante par exemple :

COM+ : pour accéder aux objets distants COM+ utilise des interfaces écrites en MSIL, la fédération d'outil ne sera qu'un client d'affichage pour l'univers commun de la fédération.

EJB : vu sa dépendance du langage Java, EJB représente une difficulté d'accès aux objets distants. Ses interfaces peuvent être combiné avec CORBA ou XML pour une autre représentation des objets, alors que les fédérations d'outils seront que des clients d'affichages.

CCM : tout comme COM+, l'accès aux objets se fait via des interfaces écrites en CORBA IDL. Les fédérations d'outils ne sont pas plus que de simples clients d'affichages.

III.5.5 Conclusion.

L'originalité, dans le cadre de nos travaux, provient de l'association des deux (représentants et façades) permettant au concepteur d'avoir un plus grand contrôle (combinaison des paradigmes) et une plus grande lisibilité sur les tâches incombant aux façades ou aux représentants, ainsi sur le point d'implémentation, l'utilisation des systèmes à objets distribués représente une solution efficace pour l'accès à distance à ces objets et cela en utilisant la définition d'interfaces indépendantes des langages de programmation.

III.6 Conclusion.

Nous avons tenté dans ce chapitre de proposer des solutions aux problèmes soulignés dans le deuxième chapitre. Pour cela l'idée de concevoir une fédération où les participants étaient des sous-fédérations. Le contrôle de la fédération globale (la méta-fédération) reviendra à un niveau supérieur où seules les sous-fédérations seront visibles.

Nous soulignons la flexibilité de CCM due à son indépendance des plate-formes et des langages de programmation.

Nous pensons que nos travaux facilitent les tâches incombant au concepteur de ces systèmes par le découplage des différentes tâches ; ils se concentrent prioritairement sur la phase de conception, facilitant ainsi les phases de codage et d'intégration.

Conclusion générale

Dans ce travail de recherche nous avons traité le problème des fédérations de composants logiciels hétérogènes, autonomes, et distribuées sur le réseau dont l'objectif est de proposer une approche permettant la conception de ces fédérations en tenant compte de touts ces contraintes.

L'architecture que nous proposons s'inspire des travaux de [Establier et al. 2001a] et [Establier et al. 2001b] sur les fédérations d'outils qu'on a repris pour une fédération de fédérations d'outils logiciels qui repose sur trois fondations :

♦ La **fondation de l'application** contient les bases d'une méta-fédération d'outils (le quoi ct le qui). Par contre, une fédération qui se résumerait à cette fondation ne contient aucun modèle de fédération, aucune description ne serait-ce que des fédérations d'outils participantes. D'autre part, cette fédération répond à un style "anarchique" puisque aucun contrôle n'est défini explicitement ;

♦ La **fondation de contrôle** qui dispose d'un univers commun de contrôle contenant le modèle de fédération (c'est-à-dire, la description des fédérations d'outils de la méta-fédération ainsi que le modèle de contrôle - explicite, c'est-à-dire, comment doit fonctionner la méta-fédération à l'exécution). Cette fondation comprend également un ensemble de composants qui interprètent le modèle de fédération et qui appliquent les contraintes liées au contrôle lors de l'exécution,

75

- La **fondation du procédé** dont l'univers commun contient le processus d'évolution de l'univers commun de la fondation de l'application. La fondation du procédé régule en quelque sorte, le comportement de la fondation de l'application par la description et la mise en oeuvre de l'évolution attendue de l'état de l'UCA.

Cette architecture, met en oeuvre plusieurs modèles d'intégration et, entre autre, permet d'avoir si le concepteur le souhaite, une dichotomie entre :

- L'encapsulation (de la partie fonctionnelle) de la fédération d'outil, basée sur les caractéristiques propres de la fédération d'outil assurée par la façade ;
- Les conversions syntaxiques et sémantiques effectuées par le représentant.

Notre approche reste au niveau conceptuel, alors que les expérimentations sont importantes pour vérifier la véracité de nos propos et valider cette approche pour la méta-fédération. Néanmoins cette réalisation n'est pas une chose facile faute de quelques problèmes relatifs à l'implémentation, entre autres :

- La prise en compte du modèle de la méta-fédération.
- La persistance du modèle de méta-fédération.
- L'assurance des communications synchrones et asynchrones de façon transparente aux fédérations d'outils.
- La prise en compte des transactions distribuées.
- La prise en compte d'un modèle d'EGLCP pour la fondation du procédé.

Plusieurs perspectives à ce travail sont à envisager :

- Implémentation de la méta-fédération en prenant en considération les solutions proposées dans ce document.
- Développer les fédérations d'outils graphiques pour aider le concepteur dans sa tache
- Définir un langage de formalisation des métas fédérations
- Gestion de la confidentialité, et de la sécurité des fédérations d'outils.

Références

[Abts et Boehm 1997] **C. Abts, B.W. Boehm**, "COTS/NDI Software Integration Cost Estimation & USC-CSE COTS Integration Cost Calculator V2.0 User Guide", revision 1.0, University of Southern California, Center for Software Engineering, septembre 1997, http://sunset.usc.edu/research/COCOTS/index.html.

[ACCORD 2002a] **Projet ACCORD**, Assemblage des composants par contrats, état de l'art et de la standardisation, Juin 2002.

[ACCORD 2002b] **Projet ACCORD**, *Le modèle de composants CORBA*, 31, Mai 2002.

[Alloui et al 1994] **I. Alloui, S. Arbaoul, F. Oquendo** " Process Centred Environments : Support for Human-Environment Interation and Environment-Mediated Human Cooperation ", *Proceedings of the 9th International Sofware Process Workshop ISPW9*, Airlie, Virginie, IEEE Computer Society Press, septembre 1994.

[Alloui et al. 2000] **I. Alloui,S. Beydeda, S. Cîmpan, V. Gruhn, F. Oquendo, C. Schneider,** "Advanced Services for Process Evolution: Monitoring and Decision Support", In Proceedings of the 7th European Workshop on Software Process Technology, EWSPT'2000, Kaprun, Autriche, février 2000.

Références

[Ambriola et al. 1997]   **V. Ambriola, R. Conradi, A. Fuggetta**, "Assessing Process-Centred Software Engineering Environments", ACM rsansactions on Software Engineering and Methodology, Vol. 6, No 3, juillet 1997, pages 283-328.

[Amiour 1997]   **M. Amiour**, "A support for cooperation in software processes", CaiSE'97, Doctoral Symposium, Barcelona, June 16-17 1997.

[Amiour 1999]   **M. Amiour,** "Vers une fédération de composants interopérables pour les environnements centrés procédés logiciels", Thèse de doctorat, Université Joseph Fourier – Grenoble I, juin 1999.

[Amiour et Estublier 1998]   **M. Amiour, J. Estublier**, "PIE Interoperability Support: An Approach Based on a Federation of Heterogeneous and Interoperable Components", *Deliverable IS-DDOC*, PIE ESPRIT LTR IV Project No. 24840, May 1998.

[Arbaoui et al. 1992]   **S. Arbaoui, S. Mouline, F. Oquendo, G. Tassart** " PEACE : Describing and Managing Evolving Knowledge in the Software Process ", *Proceedings of the Second European Workshop on Software Process Technology,* Trondheim (Norvège), septembre 1992.

[Arbaoui et all 2002]   **S Arbaoui, J-C Derniame, F Oquendo, H Verjus**. '' (2002) A Comparative Review of Process-Centered Software Engineering'' *Annals of software engineering (ASE)*. Wang, Y. et Bryant. A. Eds. Kluwer Academic Publisher, Vol. 14

[Bandinelli et al. 1992]   **S. Bandinelli, A. Fuggetta, C. Ghezzi, S. Grigolli** " Process Enactment in SPADE ", *Proceedings of the Second Europeean Workshop on Software Process Technology*, Trondheim (Norvège), Springer Verlag, septembre 1992

[Bandinelli et al. 1994]   **S. Bandinelli, E. Di Nitto, A. Fuggetta**, "Policies and Mechanisms to Support Process Evolution in PSEEs", In Proceedings of the 3rd International Conference on the Software Process, Virginia (EU), octobre 1994.

[Batini et al. 1986]   **C. Batini, M. Lenzerini, S.B. Navathe**, "A comparative analysis of methodologies for database schema integration", ACM Computing Surveys, 18(4):323-364, décembre 1986

[Belkhatir et Melo 1992]   **N. Belkhatir, W.L. Melo**, "Tempo: a software process model based on object context behavior", In the Proceedings of the 5th International Software Process Engineering and its Applications, pages 733-742, Toulouse, France, 7-11 décembre 1992.

[Bellissard et al 1999]   **L. Bellissard, Noël de Palma, M. Riveill**, *"COM+ des concepts à la pratiques"*, Cours – SIRAC, INRIA Rhône Aples, 1999.

[Ben Ghazalla et all 2003]   H.   Ben   Ghezala,   L.   Jilani,   S.   Ben   Sassi, "COTS Characterization Model in a COTS-Based Development Environment" Proceedings of the Tenth Asia-Pacific Software Engineering Conference (APSEC'03)

[Ben-Shaul et Kaiser 1993]   I.Z. Ben-Shaul, G.E. Kaiser, "Process evolution in the Marvel environment", dans [Schäfer 1993].

[Ben-Shaul et Kaiser 1998]   I.Z. Ben-Shaul, G.E. Kaiser, "Federating Process-Centred Environments: the Oz Experience", ASE journal, vol. 5, Issue 1, janvier 1998, Kluwer Academic Publishers.

[Boehm 86]   B. W. Boehm. "A Spiral Model of Software Development and Enactment". ACM SIGSOFT Software Engineering Notes. Vol. 11, N° 4, August, 1986.

[Bolcer et Taylor 1996]   G.A. Bolcer, R.N. Taylor, "Endeavours: A Process System Integration Infrastructure", 4th International Conference on Software Process ICSP4, 2-6 décembre 1996.

[Bolusset et al. 1999]   T. Bolusset, F. Oquendo, H. Verjus, "Software Component-based Federations are Software Architectures too", *Proceedings of the International Process Technology Workshop, IPTW'99*, Villars-de-Lans, France, septembre 1999.

[Bolusset et al. 1999]   T. Bolusset, F. Oquendo, H. Verjus, "Software Component-based Federations are Software Architectures too", *Proceedings of the International Process Technology Workshop, IPTW'99*, Villars-de-Lans, France, septembre 1999.

[Boyer 1994]   T.Boyer "Coordination entre outils dans un environnement intégré de développement de logiciels", Thèse de doctorat de l'université Joseph Fourier, Grenoble I, février 1994.

[Brown et Wallnau 1996]   A. W. Brown, K.C. Wallnau, "Engineering of Component-Based System", 7-15, Component-Based Software Engineering: Selected Papers from the Software Engineering Institute (SEI), Los Alamitos, CA: IEEE Computer Society Press, 1996.

[Conradi et al. 1994]   R. Conradi, M. Hagaseth, J.O. Larsen, M.N. Nguyen, B.P. Munch, P.H. Westby, W. Zhu, M.L. Jaccheri, C. Liu, "EPOS: Object-Oriented Cooperative Process modelling", dans [Promoter 1994].

[Cunin 2000]   P.Y. Cunin, "The PIE project: An Introduction", In Proceedings of the 7th European Workshop on Software Process Technology, EWSPT'2000, Kaprun, Austria, février 2000, pages 39-54, LNCS 1780, Springer-Verlag.

[Cunin et al. 1999]	P.Y. Cunin, S. Dami, J.J. Auffret " Refinement of the PIE Workpackages " Technical Report D1.00, PIE LTR ESPRIT Project 34840, 1999.
[Dami 1999]	**S. Dami** " APEL v5 Preview ", Technical Report, PIE ESPRIT Project 34840, septembre 1999
[Dami et al. 1995]	**S. Dami, P. Pouzet, J. Routin**, "Internal specification of APEL v2", Esprit deliverable, PERFECT project N°9090, LGI/IMAG, Grenoble, France, March 1995.
[DDJ 2000]	**David Frankel,** Genesis Development online in http://www.ddj.com/documents/s=876/ddj0050c/
[Derniame et al. 1994]	**J.C. Derniame et al.**, "Life Cycle Process Support in PCIS", In Proceedings of the PCTE'94 Conference, 1994
[Donsez 2001]	**D. Donsez**, *Transactions et Composants d'entreprise*, Cours IMAG/LSR/ADELE – Université Joseph Fourier Grenoble 1), 2001.
[Edwards et al. 1988]	**W. Edwards, S. Deshpande,** *"Intégration de CORBA et d'EJB"*, Livre Blanc, page 1-14, Janvier 2000.
[Estublier et al. 1998a]	**J. Estublier, S. Dami, M. Amiour** "APEL: a Graphical Yet Executable Formalism for process Modelling", *ASE journal (Automated Software Engineering)*, vol. 5, Issue 1,1998 Kluwer Academi Publishers.
[Estublier et al. 1998b]	**J. Estublier, P.Y. Cunin, et N. Belkhatir** " Architectures for Process Support System Interoperability ", *Proceedings of the 5th International Conference on Software Process ICSP 5*, 1998 Chicago, Illinois, USA, juin 1998.
[Estublier et al. 1999]	**J. Estublier, M. Amiour, S. Dami**, "Building a Federation of Process Support Systems", WACC'99, San-Francisco, CA, February 1999.
[Estublier et al. 2001a]	**J. Estublier, H. Verjus, P.Y. Cunin**, "Building Software Federation", Proceedings of the International Conference on Parallel and Distributed Processing Techniques and Applications (PDPTA'2001), Las-Vegas, EU, juin 2001.
[Estublier et al. 2001b]	**J. Estublier, H. Verjus, P.Y. Cunin**, "Modelling and Managing Software Federation", Proceedings of the Enruopean Conference on Component-Based System Engineering (CBSE'2001),

[Estublier et Barghouti 1998]   J. Estublier et N.S. Barghouti, "Interoperability and Distribution of Process-Sensitive Systems", Software Engineering for Parallel and Distributed Systems, Kyoto, Japan 1998.

[Estublier et Dami 1995]   J. Estublier et S. Dami, "APEL v3 specification", Esprit deliverable, PERFECT Project, LSR/IMAG, Grenoble, France, December 1995.

[Estublier et verjus 1999]   J. Estublier, H. Verjus, "Definition of the behaviour paradigms of a heterogeneous federation of evolving process components", PIE LTR ESPRIT Project 34840, Deliverable D2.01, juin 1999.

[Fabrice 2001]   J-F. Fabrice, *Architectures distribuées et serveurs d'application*, Présentation technique – Calidis Group, 2001.

[Feldman 1979]   S. I. Feldman, "Make – A program for maintaining computer programs", Software Practice and Experience, 1979

[Flissi et Merle 2002]   A.Flissi, P. Merle, Getting started with OpenCCM Building a CORBA component Appliocation version 1.0 Nov 2002

[Geppert et al. 1998]   A. Geppert, M. Kradolfer, D. Tombros, "Federating Heterogeneous Workflow Systems", Technical Report 98.5, Department of Computer Science, University of Zurich, at http://www.ifi.unizh.ch/techreports/TR_1998.html, 1998.

[Gruber 1993]   T. Gruber, "A translation approach to portable ontology specifications", Knowledge Acquisition, 5(2):199-220, 1993.

[Hachette 2004]   '' Dictionnaire Hachette'' Edition 2005, Hachette Livre, Paris 2004

[Heimbigner 1992]   D. Heimbigner, "The ProcessWall: a Process State Server Approach to Process Programming", ACM-SDE, décembre 1992.

[Jung et al 1999]   Jung, Ho-Won, Byoungju Choi, "Optimization models for quality and cost of modular software systems", European Journal of Operational Research, vol. 112, No. 3, pp.613-619, février 1999.

[Kontio 1996]   J.A. Kontio, "A Case Study in Applying a Systematic Method for COTS Selection", in Proceedings of the 18th International Conference on Software Engineering, mars 1996.

[Latrous et Oquendo 1995]   S. Latrous, F. Oquendo " PEACE+/PECAM : une machine virtuelle pour l'exécution et l'évolution des processus logiciels ", *Proceedings of the 8th International Conference on Software Engineering and its Applications GL'95*, Paris,

France, novembre 1995

[Lehman 1997]	**LEHMAN, Meir Manny.** 1997. <Process modelling { where next>. Proceedings, 19th International Conference on Software Engineering. New York : The Association for Computing Machinery. P. 549, 552.
[Morisio et al. 2000]	**M. Morisio, C. Seaman, A. Parra, V. Basili, S. Condon, S. Kraft,** "Investigating and Improving a COTS-Based Software Development Process", Proceedings of the 22nd International Conference on Software Engineering (ICSE 2000), Limerick, Irlande, juin 2000.
[Mostefai 2002]	**A.Motefai,** ''Résolution des problèmes d'interopérabilité d'exécution dans les fédérations de composants de procédé logiciels '', Thèse de Magistère, USTHB, Mai 2002
[Mougin et Barriolade 2001]	**P. Mougin, C. Barriolade,** " Services Web et modèles de composants Métier ", Orchestra Networks – Livre Blanc, Octobre 2001.
[Oquendo 1995]	**F. Oquendo,** " SCALE: Process Modelling Formalism and Environment Framework for Goal-directed Cooperative Processes ", Proceedings of the Seventh *International Conference on Software Engineering Environments (SEE'95)*, Noordwijkerhout, Pays-Bas, avril 1995. IEEE Computer Society Press.
[Orfali et al. 1996]	**R. Orfali, D. Harkey, J. Edwards,** "Objets répartis – Guide de survie", International Thomson Publishing, ISBN 2-84180-002-4, Paris, 1996.
[Osterweill 1987]	**Osterweill (L)** - software processes are software too. In: proceedings ofthe Int'l Conf.on Soft.Eng, PP.2-13-Monterey 1987, 2nd édition .
[Özsu et Valduriez 1999]	**M.T. Özsu, P. Valduriez,** "Principles of distributed database systems", 2nd edition, Prentice Hall, 1999.
[Park et Ram 2004]	**S.Ram, J.Park,** Semantic conflit Resolution ontology (SCROL) : An ontology for detecting and resolving data and Schema-level Semantic Conflits Proceedings of the *International Conference on Software Engineering Environments (SEE'04)*, 2004. IEEE Computer Society Press.
[Pérez 2003]	**C. Pérez,** *Introduction aux composants CORBA*, Une journée de formation – INSA-Rennes, 27 Avril 2003.

[Promoter 1999]   ***Software Process*** : *Principles, Methodology, Technology*. J.C. Derniame, A.B. Kaba, D. Wastell (Eds), Springer-Verlag 1999, LNCS 1500, ISBN 3-540-65516-6199

[Samaha 2002]   **A. Samaha,** *CORBA Component Model (CCM)*, Cours-Université Joseph Fourier (UJF/ISTG/RICM3), 2001-2002.

[Schmidt 2000]   **J. Schmid**t, "Enabling Next-Generation Enterprises", EAI Journal, pp. 74-80, juillet/août 2000.

[SEI 1997]   **Software Engineering Institute**, "Using COTS Technology in your system", presentation, Carnegie Mellon University, août 1997.

[SEI 2001]   Software Engineering Institute, "COCOTS – Constructive COTS", [online], http://sunset.usc.edu/research/COCOTS/cocots_main.html,

[Seinturier 2002]   **L. Seinturier,** *Middleware/CORBA Component Model (CCM)*, Cours– Université Pierre & Marie Curie, Juillet 2002.

[Sommerville 1988]   **I. Sommerville**, "Le Génie Logiciel et ses applications (3rd édition)", Addison-Wesley, Wokingham, 1988.

[Sourcé et Duchien 2002]   **Sourcé J-M., Duchien L.**, "Etat de l'art sur les langages de description d'architecture (ADLs), Livrable du projet RNTL ACCORD, 2002.

[Stonebraker 1999]   **M. Stonebraker**, "Integrating Islands of Information", in eAI Journal, pp. 1-5, septembre/octobre 1999.

[Thai2003]   **Thai, Thuan L. and Lam, Hoang** - 2003 - .NET Framework Essentials, O'Reilly

[Tiako 1998]   **P.F. Tiako**, "Modelling the Federation of Process Sensitive Engineering Environments: Basic Concepts and Perspectives", In Proceedings of the 6th European Workshop on the Software Process Technology, EWSPT'98, Weybridge, Angleterre, septembre 1998.

[Totland et Conradi 1995]   **T. Totland, R. Conradi**, "A Survey and Classification of Some Research Areas relevant to Software Process Modeling", *Software Process Technology, 4th European Workshop, EWSPT '95*, Noordwijkerhout, Pays Bas, 3-5 avril 1995, Proceedings. Lecture Notes in Computer Science, Vol. 913, Springer, ISBN 3-540-59205-9.

[Traveson et all 2002]   **Traverson B., Yahiaoui N.,** *"Connector for CORBA Components"*, In 8th International Confernce on Object-Oriented Information Systems, September 2002.

[Valetto et Kaiser 1995] **G. Valetto, G.E. Kaiser**, "Enveloping Sophisticated Tools into Computer-Aided Software Engineering Environments," 40-48. Proceedings of 7th IEEE International Workshop on CASE. Toronto, Ontario, Canada, 10-14 juillet 1995. Los Alamitos, CA: IEEE Computer Society Press, 1995.

[Villalobos 2003] **J. Villalobos,** Fédération de Composants : une Architecture Logicielle pour la Composition par Coordination, Thèse de doctorat, Université Joseph Fourier – Grenoble I, juillet 2003

[Wasserman 1989] **A.I. Wasserman**, "Tool Integration",1989

Annexe

Etude comparative des EJB, COM+, CCM

Dans cette annexe, nous allons établir une comparaison des principaux modèles de composants logiciels côté serveur, à savoir le modèle EJB, CCM et COM+. Pour cela, nous allons présenter l'environnement de chaque modèle, ensuite son évaluation. Nous terminerons cette annexe par une conclusion.

1. Les composants Enterprise Java Beans, EJB

1.1 Introduction

Avec le succès remarquable du langage Java, Sun MicroSystems a standardisé, au sein de J2EE[1] (Java 2 Enterprise Edition), la technologie EJB (Entreprise Java Beans) en novembre 1997. La technologie EJB définit un modèle abstrait de composants Java côté serveur : EJB, qui décrit la

---

[1] J2EE (Java 2 Enterprise Edition) : La plate-forme J2EE simplifie le développement des applications logicielles en se basant sur des composants standardisés et modulaires qui bénéficient d'un ensemble complet de services.

structure des composants EJB et des modèles de développement et de déploiement des applications
à base de ces composants.

En 2001, une nouvelle spécification "2.0" a été publiée. Elle a introduit des considérables
évolutions de la technologie de développement des composants en simplifiant les solutions métiers
[Patzer 2000].

Le but de cette spécification EJB est double :

1. Simplifier le développement en focalisant sur le fonctionnel et en offrant une spécification des
   services techniques que tout conteneur de composant EJB doit implémenter ;

2. Garantir une indépendance du fournisseur de produit (le serveur compatible EJB) par le biais
   d'une spécification. Tout serveur compatible EJB garantit l'intégration de tout composant codé
   selon la spécification EJB sans aucun ajout de code (l'intégration peut se faire à l'exécution s'il
   le faut).

1.2 Environnement d'exécution EJB

Les composants EJB s'exécutent dans un Conteneur EJB, ils peuvent être assemblés pour construire
des applications distribuées.

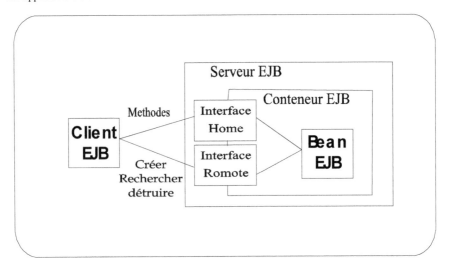

Figure A.1 : L'environnement d'exécution des composants EJB

La figure A.1 présente l'architecture de l'environnement d'exécution des EJBs. Dans cette
architecture EJB, nous distinguons les *Clients distants*, les *Serveurs*, les *Conteneurs* et les *EJBs*.
Les Clients distants, appelés **Clients EJB,** peuvent appeler les méthodes définit dans l'interface
distante. Les **Serveurs EJB** sont mis en œuvre pour héberger les Conteneurs EJB. Un **Conteneur**

EJB assurant les services requis par un (ou plusieurs) **Bean EJB.** L'EJB présente à ses Clients deux interfaces : une **interface de maison** et une **interface distante** qui offre l'accès à ses traitements.

Le Client EJB fournit la logique de l'interface utilisateur sur la machine cliente. Il passe les appels aux composants EJB distants hébergés sur un Serveur. En revanche, un Client ne communique pas directement avec une instance d'EJB. Sa mission est de savoir comment trouver le Serveur EJB et d'interagir avec les composants EJB via les Conteneurs hébergés par le Serveur.

Le Conteneur (structure d'accueil) est l'environnement dans lequel un ou plusieurs composants EJB s'exécutent, il fournit les objets *proxy* mettant en œuvre les **Interfaces Home** et **Remote** des composants. Il a pour responsabilité (en collaboration avec le Serveur) de fournir aux EJBs des services non-fonctionnels tels que : la gestion des transactions, des autorisations, de la persistance, etc.

Le développeur n'ayant plus qu'à se concentrer sur le développement de ses EJBs.

1.3 Les différents types d'Enterprise Java Beans

Les EJBs se classent, dans la spécification EJB 2.0, en trois types "catégories", chacun dans une optique différente. En fonction du comportement requis du composant, certaines caractéristiques déterminent lequel parmi ces trois types doit être utilisé. Les types sont :

1- Enterprise Java Beans de type "Session" .

Il exécute une tâche pour le client, c'est-à-dire : une instance *Session* est créé à chaque connexion d'un client. Lorsque le client termine sa session, l'instance du composant est détruite. Un EJB de type session peut être sans ou avec état :

Sans état (*Stateless Session Beans*) **:** Un composant de session sans état n'a aucune connaissance du client ou du contexte concernant la requête. L'exemple typique est un convertisseur Euro/Franc qui aurait une seule méthode : *eurotofranc (double valeur)*.

Avec état (*Stateful Session Beans*) **:** Un composant de session avec état est dédié à un certain client pendant toute la durée de son instanciation. L'exemple parfait est un EJB de panier d'achat pour le commerce électronique. L'utilisateur effectue les tâches standards en ajoutant des produits au panier, en saisissant son adresse et en émettant la commande. Le bean du panier conserve l'état et, par conséquent, la connaissance de toutes ces variables et les associant à un client unique.

2- Enterprise Java Beans de type "Entity" .

Il représente un objet métier qui reste après la fin d'une session. Une instance *Entity* dispose d'un identifiant unique qui permet au client de retrouver une instance particulière. Un objet représentant un utilisateur (nom, coordonnées, choix de la langue) est l'EJB *Entity* typique.

3- Enterprise Java Beans de type "Message-Driven" .

Il permet le traitement des messages de manière asynchrones au contraire des deux types précédents qui offrent des services aux clients EJBs de manière synchrone. En utilisant JMS (Java Messaging

Service), un client produit un message et le publie dans une file d'attente de messages. Un EJB "Message-Driven" extrait, ensuite, le message et exécute son contenu.

1.4 Démarche de conception d'une application EJB

Dans cette partie, nous allons étudier en détail les étapes de développement d'une application à base de composants EJB exécutée sur la plate-forme JonAS (une implémentation de J2EE). Nous commençons par l'écriture du composant EJB et ses descripteurs de déploiement et d'empaquetage, puis l'écriture le composant Client, enfin la mise en oeuvre. Trois étapes sont à suivre :

Etape 1 : Développement du composant EJB

Cette étape est définit quatre phases à suivre pour réaliser un EJB. Ce sont :

a- L'écriture du composant EJB .

Un composant EJB se compose de trois entités (trois classes d'un point de vue d'un programmeur):

L'interface distante : cette interface définit les méthodes métier d'un EJB ;

L'interface maison : elle définit les méthodes qu'un client peut invoquer pour créer, trouver ou supprimer un EJB.

Lorsqu'un Client veut utiliser un EJB, il se sert de JNDI (**Java Naming and Directory Interface**) pour obtenir une référence à un objet qui est une instance de l'interface maison;

L'Enterprise Java Bean : Qui est l'implémentation de notre composant.

b- La création des descripteurs de déploiement de l'EJB

Pour un EJB, il y a deux descripteurs à spécifier : Le descripteur standard de Sun MicroSystems et le descripteur spécifique à JOnAS.

Descripteur de déploiement standard : le programmeur de l'EJB doit fournir avec son composant un descripteur de déploiement. Ce fichier décrit, par exemple, quelle classe est l'implémentation, l'interface locale et l'interface distante de l'EJB.

Descripteur de déploiement spécifique à JOnAS : certaines informations nécessaires au déploiement de l'EJB dans JOnAS ne sont pas dans le descripteur précédent. Pour résoudre ce problème, il faut créer un autre descripteur de déploiement spécifique à JOnAS. Ce document devra s'appeler jonasejb- jar.xml.

En résumé, un développeur écrit le composant, ses deux interfaces et les descripteurs de déploiement. Puis, il les propose à déployer sous forme d'un fichier JAR.

c- L'empaquetage de l'EJB

L'EJB doit être empaqueté dans une archive JAR (nom_fichier.jar) qui devra contenir : les classes de l'EJB et les deux descripteurs de déploiements (ejb-jar.xml et jonas-ejb-jar.xml).

d- Le déploiement de l'EJB

Pour déployer l'EJB sous JOnAS, le fichier ejb-jar, qu'on a définit dans la phase de packaging, doit posséder les classes d'interposition interfaçant notre Entreprise Java Bean avec les services offerts par notre Serveur d'EJB. Ces classes peuvent être crées à l'aide de l'utilitaire "GenIC" fourni avec JOnAS.

Ensuite, pour déployer notre EJB dans JOnAS, il suffira de recopier le fichier ".jar" dans un répertoire secondaire de jonas et de modifier la configuration de JOnAS.

Etape 2 : l'implantation du Client de l'EJB

Dans cette phase, nous allons implanter le code du client de notre EJB. Il suffit d'écrire les lignes de code qui permettent de trouver les interfaces locales, invoquer des méthodes, etc.

Etape 3 : La mise en œuvre

Pour réaliser la compilation, l'empaquetage (*Packaging*) et le déploiement, nous allons utiliser un script spécifique qu'on doit écrire (build.bat). Il lance la compilation, le packaging et le déploiement de notre ejb ainsi que la compilation de notre client. Aussi, il faut éditer le fichier *jonas.properties*.

Enfin, il nous reste qu'à lancer l'exécution de notre application, après avoir lancer la plate-forme JOnAS, par le script build.bat.

1.5 Évaluation

Le modèle EJB était le premier modèle de composant serveur non visuel qui a vu le jour par la publication de la spécification 1.0 en novembre 1997. L'utilisation des *containers* pour accueillir des composants, la prise en compte du déploiement, ainsi que la gestion de certaines propriétés non fonctionnelles sont autant d'atouts pour produire et utiliser des composants EJB réutilisables.

En résumé, les points forts de cette technologie sont :

Les EJBs contiennent la logique applicative : ils sont plus légères et plus souples, car elle ne contiennent pas du code non-fonctionnel ;

Les EJBs sont portables : une application peut être construire à partir d'EJBs existants et être déployée sur n'importe quel serveur compatible au J2EE ;

Mise en évidence de plusieurs catégories de programmeurs (Taxinomie des rôles), c'est-à-dire nous distinguons plusieurs métiers tels que : fournisseur de conteneur EJB, fournisseur de serveur EJB, assembleur d'applications, etc. qui interviennent selon différentes phases (implantation, déploiement, exécution) pour concevoir une application.

Les points faibles du modèle EJB sont :

- Les EJBs restent une solution propriétaire de Sun MicroSystems, destinés uniquement à une **utilisation en Java** ;
- Le faible nombre de services non-fonctionnelles proposés ne satisfait pas la demande des utilisateurs ;

- La fastidieuse configuration des descripteurs de déploiement XML, le packaging des classes et le déploiement au sein du serveur d'application deviennent rapidement d'une lourdeur extrêmement rebutante [Mougin et Barriolade 2001].
- Les EJBs permettent une réutilisation aisée des composants développés. Bien que, leur conception paraisse, à notre vue, un peu plus compliquée par rapport aux composants CCM et COM+ qui génèrent plusieurs fichiers automatiquement.
- Même si le modèle EJB était venu au bon moment, il n'a pas trop évoluée depuis, ce qui explique l'apparition d'autres modèles tels que COM+, CCM.

2. Les composants COM+

2.1 Introduction

Au début des années 90, le modèle COM (Component Object Model) s'est imposé comme une technologie Windows, importante et évolutive. Par définition, tout objet COM peut être distribué .
En d'autre terme, il peut être instancié à partir d'une autre machine via un simple appel réseau. On parle alors de DCOM (Distribueted COM), qui est l'extension de COM prenant en compte l'aspect distribué (il permet la communication entre objets situés sur des machines différentes).

L'architecture Internet de Microsoft, pour développer et supporter les applications réparties, construite autour de DCOM s'appelle DNA (*Distribueted Network Application*) [Fabrice 2001].

Sous Windows 2000, DCOM se change de nom pour devenir COM+. On peut dire alors que COM+ est l'évolution de COM. Dernièrement, Microsoft a développé un environnement de création d'application Web nommé « .NET » (prononcer dot-Net).

2.2 Le nouvel environnement des composants COM+ : .NET

.Net [Thai2003] est la solution que Microsoft à créer pour concurrencer Java. L'implémentation principale est la plate-forme .Net proposée par Microsoft mais cette implémentation n'est disponible que sous Windows. Il existe d'autres implémentations de .Net comme Mono qui est une version libre et développée avec le soutien de Ximian. Cette implémentation fonctionne sous Windows mais aussi sous Linux. Microsoft a aussi partagé une partie des sources de sa plate-forme .Net sous la licence Shared Sources. Les Shared Sources CLI permettent d'avoir une machine virtuelle .Net très proche de celle de Microsoft qui fonctionne à la fois sous Windows, sous BSD et depuis peu sous Linux L'environnement .NET a été conçu pour supporter tous les langages de MicroSoft, quel que soit leur type (objet, procédural, etc.). Pour atteindre cet objectif, les applications .NET utilisent le langage pivot MSIL (Microsoft Intermediate Language). MSIL est un formalisme orienté objet qui se situe entre le langage de programmation et le code compilé. Le code intermédiaire est compilé lors de l'exécution du programme. Cette caractéristique permet principalement de rendre les programmes indépendants des systèmes d'exploitation. L'aspect objet de ce formalisme facilite la définition de programmes écrits en C#, C++ ou VB. Bien que conçu pour supporter des langages très différents les uns des autres, seuls les langages orientés objets proposés par Microsoft peuvent actuellement être traduits vers le langage intermédiaire.

2.3 L'environnement d'exécution .NET

L'environnement .NET peut être définie de la façon suivante : Il s'agit d'un ensemble de Services communs, utilisables depuis plusieurs langages.

.NET définit une architecture proche de CORBA. Plus précisément, il utilise le langage intermédiaire MSIL[2] (MicroSoft Intermediate Language) pour uniformiser la représentation des applications et le protocole de communication SOAP pour permettre l'invocation de méthodes distantes à travers le réseau Internet. Toutes les applications écrites dans le langage intermédiaire ne sont pas disponibles pour une méthode distante.

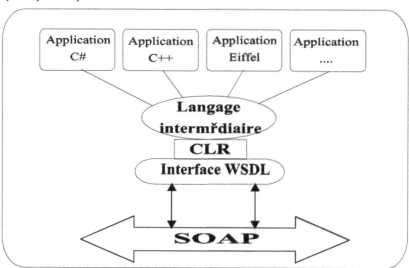

Figure A.2 : Architecture de l'environnement .NET

Les applications dans .NET s'exécutent en code intermédiaire MSIL (MicroSoft Intermediate Language) dans une sorte de machine virtuelle dénommée CLR (Common Language Run-time). MSIL est un langage pivot, il permet de représenter dans un même formalisme des applications programmées dans différents langages tels que C#, C++, Eiffel, VB, etc. Les applications compilées

---

[2] MSIL : c'est un langage intermédiaire constitué d'instructions élémentaires de type "assembleur évolué". Tous les langages supportés par la plate-forme .NET peuvent être compilés en code intermédiaire MSIL. Ce code intermédiaire peut, ensuite, être exécuté par le CLR, l'environnement d'exécution de la plate-forme .NET. MSIL permet l'indépendance au langage de la plate-forme .NET.

sous la forme de code intermédiaire se présentent sous la forme de binaires exécutables portables CLR assure la compilation en code natif des programmes (**les logiciels .NET sont compilés, contrairement** à Java), la gestion mémoire, la gestion des erreurs et les contrôles de sécurité. Il fournit l'accès à l'OS et aux ressources système. Il est au cœur de l'unification des langages. Le langage C# (prononcer C Sharp), crée par Anders Hejlsberg, est un nouveau langage né avec .NET. Il est actuellement le plus proche du langage intermédiaire.

2.4 Évaluation

Le développement d'applications client-serveur distribuées, à l'aide de CCM ou DCOM/COM+, a démontré comment définir des services au moyen d'interfaces. Les objets peuvent ainsi résider sur toute machine (transparente de l'emplacement), et le client n'a pas besoin de les rechercher. Notons que l'architecture de ce modèle, au contraire aux modèles EJB et CCM, se base sur les objets COM. COM+ est un modèle multi-langage (il peut être programmé en l'un des 27 langages de programmation, cités dans sa spécification), mono-plate-forme (Windows). Or le langage Java est exclu. Donc, on peut dire qu'il ne supporte que les langages de Microsoft. En plus, un composant COM+, pour qu'il puisse s'exécuter, doit être installé.

Le principe suivi par Microsoft est très important (on parle de la possibilité de programmer en n'importe quel langage), mais malheureusement, et eu égard des intérêts commerciaux, le nouveau environnement de Microsoft .NET, ne nous permet pas de programmer les composants par d'autres langages **que ceux de Microsoft**.

Enfin, si on est obligé de traduire tous les programmes en MSIL, d'un côté on double le travail des programmeurs, et d'un autre côté on peut juger que la technologie .NET ne respecte pas l'aspect multilangage. Bien que Microsoft permet d'écrire le code MSIL avec une syntaxe Visual Basic, ou C++, ou Eiffel…etc.

3. Les Composants CORBA, CCM

3.1 Introduction

L'utilisation des objets répartis CORBA (Common Object Request Broker Architecture) établis en 1991 par l'OMG (Object Management Group), n'a pas réussit d'atteindre la simplicité visée pour concevoir des applications distribuées à base d'entités logicielles hétérogènes.

La spécification CORBA 3.0 a été publiée par l'OMG (Object Management Group) en juillet 2002. Elle a introduit le modèle CCM, *CORBA Component Model*. Ce modèle propose toute une structure pour définir un composant CORBA, son comportement, son intégration dans un conteneur (ou application) et son déploiement dans l'environnement distribué CORBA[3]. CORBA supporte

---

[3] CORBA (Common Object Request Broker Archtecture) : C'est une architecture basée sur un bus ORB (Object Request Broker). Ce dernier est chargé d'assurer les collaborations entre les applications.

l'interaction, à travers le Web, entre des composants écrits en différents langages distribués et exécutés sur des ordinateurs avec différents systèmes d'exploitation. Il intègre aussi, des descripteurs pour la configuration, la définition de l'assemblage et le déploiement des composants.

3.2 L'environnement d'exécution des composants CCM

L'architecture typique du modèle CCM, présentée sur le schéma ci-dessous, définit des Conteneurs CCM, des composants CORBA qui s'exécutent sur ces Conteneurs, des Clients, l'adaptateur POA (Portable Object Adapter), le bus ORB (Object Request Broker) et des Services CORBA tels que : les transactions, sécurité, persistance, Events, etc.

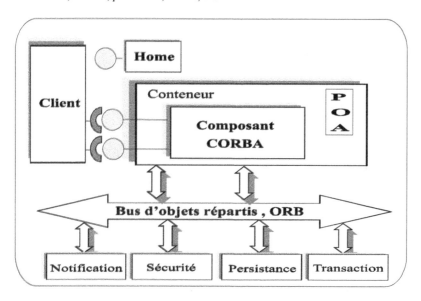

Figure A.3 : L'environnement d'exécution des composants

Les Conteneurs CCM jouent le rôle d'une interface entre les composants CORBA et leurs clients de manière à gérer toutes ses communications en reproduisant les interfaces du composant. Ainsi, le Conteneur est l'intermédiaire entre le composant et les services fournis par l'ORB.

3.3 Démarche de conception d'une application CCM

L'objectif de CCM est de décomposer le développement d'applications à base de composants en plusieurs métiers (rôles) : le programmeur s'intéresse aux fonctionnalités intrinsèques des composants, l'assembleur sélectionne et connecte les composants entre eux pour former une application. Avant le déploiement, un empaqueteur (*packager)* est chargé d'empaqueter (packaging) les composants et l'application en choisissant notamment les politiques concernant les services à appliquer aux composants [Flissi et Merle 2002].

Les étapes pour la conception et la mise en œuvre d'une application sur la plate-forme OpenCCM proposée par le laboratoire LIFL (Laboratoire d'Informatique Fondamentale de Lille), en citant les acteurs qui participent aux différentes étapes de conception, sont les suivantes :

1. **Mise en place de l'environnement :** pour cela il suffit de lancer un script spécialisé (envi_OpenCCM.bat) ;

2. **Définition du type de composants :** le concepteur définit les types des composants, dans un fichier IDL, à l'aide du IDL3 ;

3. **Projeter des définitions du composant (le fichier IDL3) en IDL2 :** pour permettre aux développeurs l'implantation des composants. Cette projection produit également, un descripteur de composants qui sera complété par le développeur ;

4. Générer les squelettes et les souches à partir du fichier IDL2 ;

5. Compléter, par le développeur, les fichiers Java suivants :☐☐

   - les applications serveur et leurs Homes ;
   - les applications Cliente et leurs Homes ;
   - le fichier qui prend en charge le déploiement de l'application ;

6. Compiler l'ensemble des fichiers ;

7. Empaquetage, au sein d'un archive JAR, chaque type de composant avec son descripteur et une configuration par défaut ;

8. Déployer des archives des composants.

3.4 Évaluation

Le modèle CCM a montré son efficacité et sa robustesse par la proposition d'une série de modèles à suivre pour concevoir une application distribuée (c'est-à-dire il a tracé une démarche typique du processus globale de production d'une application distribuée en commençant de l'implantation, puis le paquetage, ensuite le déploiement et enfin nous finirons par l'exécution). En plus, il définit le modèle abstrait qui décrit la structure interne d'un composant. Ces modèles permettent, en outre, de conceptualiser les différents éléments d'un composant et de son intégration dans une application.

Les composants CCM sont des composants multi-interfaces. Ils permettent d'être indépendants de la plate-forme et du langage de programmation. En plus, ils sont interopérables avec les composants EJB. Cependant, ce modèle présente quelque anomalie, il ne permet pas de définir des composants composites (assemblage de plusieurs composants pour construire un seul composant) car il définit des interfaces co-localisés [ACCORD2 2000]. Un autre regret, d'après [Traveson 2002], est que le modèle CCM ne définit pas la notion de **Connecteur**[4] dans son modèle abstrait. C'est-à-dire, le

---

[4] Un Connecteur est une entité définissant l'interaction entre plusieurs composants. Il possède un certain nombre d'interfaces (appelées rôles) et une description globale de son comportement.

boutstrap (l'interconnexion des composants de l'application) se fait par un fichier écrit par le développeur.

Le principe suivi par le modèle CCM est : *"mieux décrire, puis programmer"*. Mais la question qui se pose : Pour quoi l'obligeance de projeter les fichier en IDL3 en IDL traditionnel ?.

Vu la grande interopérabilité entre les deux modèles : EJB et CCM, nous établirons une comparaison entre ces modèles.

5. CCM vs. EJB

Le modèle EJB, puis CCM, ont introduit la notion de conteneur permettant de fournir des services non-fonctionnels aux composants : Transaction, Persistance, Sécurité, Activation/Passivation des composants, etc (cf. figure A.4). Ces services sont gérés par les conteneurs.

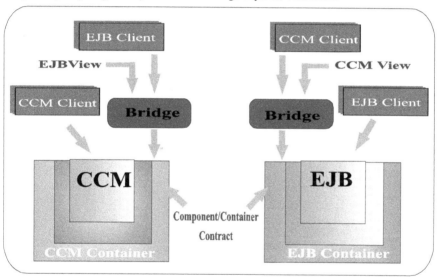

Figure A.4 : L'interopérabilité entre EJB et CCM

Le modèle CCM est, comme le disent David Frankel [DDJ 2000] , *"specifically designed to play very well with EJB"*. Donc ce sont deux modèles composants serveur interopérables. Ils ont les points communs suivants :

1. Ils sont destinés à n'intégrer que du code fonctionnel ;
2. La *home* existe pour les deux modèles EJB et CCM, qui s'occupe des mêmes fonctionnalités ;
3. Les deux modèles utilisent les fichiers XML pour écrire les descripteurs de déploiement des composants ;

4. Ils proposent une taxinomie de rôles tout au long le cycle de conception d'applications à base de composants;

En plus de la projection standard d'IDL (Interface Description Language) vers Java, définit par l'OMG, une projection Java-vers-IDL a été définit. Ceci autorise la projection standardisée des types Java utilisés par les EJB vers l'IDL CORBA [Edwards et Deshpande 1988].

La forte interopérabilité entre ce dernier et les EJBs a mené à naître un mariage entre ces deux modèles, monté dans l'implémentation EJCCM (Enterprise Java CORBA Component Model) développée par l'équipe de recherche de technologie de la programmation de CPI (Computational Physics, Inc).

Bien que, le modèle CCM se base sur la génération automatique des souches et squelettes, ce que lui donne plus de souplesse. Mais c'est le même cas pour les EJBs, c'est le développeur qui va coder tous les fichiers de l'application. Cependant, il y a des différences entre les EJBs et les composants CORBA qui sont :

CCM est compatible à tous les langages, tandis que EJB doit être implanté entièrement en Java ; Le nombre d'interfaces fournies par CCM est illimité, tandis que pour les EJBs il égale à deux (Home et Object) ;

En résumé, CCM a repris la majorité des concepts des Enterprise Java Beans et a introduit de nouvelles techniques comme la description des ports et des connexions statiques entre composants.

5. Conclusion

Dans cette annexe, nous avons présenté les trois principaux modèles de composants existants : EJB, COM+ et CCM. Ils sont apparus en résultat de l'impossibilité d'atteindre la simplicité pour concevoir des applications distribuées générées par l'emploi des objets (leurs prédécesseurs : CORBA pour le CCM, JavaBeans pour les EJB et COM pour le COM+). Ces modèles fournissent une simplification de développement des applications logicielles distribuées. La manière de leur assemblage pour concevoir des logiciels "CBSE" permet, en favorisant la réutilisabilité, aux développeurs de produire des applications à base d'entités logicielles hétérogènes de meilleure qualité et de façon plus rapide et moins coûteuse.

L'une des avancées les plus importante dans l'approche composant est la capacité offerte par l'infrastructure de gérer certains services non-fonctionnels qui reste jusqu'à l'heure actuelle statiques. Cette gestion s'effectue souvent en utilisant des **Conteneurs** qui maîtrise les communications entre les composants. Avec cette séparation, les composants contiennent que du fonctionnel, ce qui permet aux développeurs de se concentrer sur le code applicatif de l'application.

Le modèle EJB était le premier modèle de composant serveur, il a vu le jour en novembre 1997. En revanche, on trouve plus de documentations et d'implémentations de ce modèle. Sun a visé dès la proposition des EJBs de les rendre utilisables sur n'importe quelle plate-forme **supportant Java**. D'où la nécessité de programmer en Java.

Ensuite, le modèle COM+ puis son environnement .NET sont apparu. Notons que l'environnement .Net est proposé avec 27 langages de programmation, mais le fait qu'il faille passer par le langage intermédiaire MSIL, nous nous permettons de dire que .NET ne supporte qu'un seul langage. Ce qui d'ailleurs est le problème des EJBs, car ils supportent que le langage Java.

Devant l'obligeance de programmer en Java imposée des EJBs, et l'exigence d'installer les composants pour pouvoir les exécutés imposée par DCOM/COM+, l'OMG a annoncé dernièrement la naissance de modèle CCM en 2001. Un modèle interopérable avec les EJBs et qui supporte tous les langages de programmations.

Les modèles CCM et COM+ se basent sur la définition des composants par OMG IDL, pour bénéficier des fichiers générés automatiquement, et on doit coder que le code fonctionnel des composants.

Tandis que, avec le modèle EJB on doit tout écrire à la main, ce qui vient pénible. Or, les trois modèles présentés proposent une taxinomie de rôles durant le cycle de conception des logiciels, mais celui du modèle CCM couvre mieux toutes les étapes. Bien que, les trois modèles sont persistants, car leurs composants peuvent s'archivés dans des fichiers (.jar).

ÉDITIONS
UNIVERSITAIRES
EUROPÉENNES

Une maison d'édition scientifique

vous propose

la publication gratuite

de vos articles, de vos travaux de fin d'études, de vos mémoires de master, de vos thèses ainsi que de vos monographies scientifiques.

Vous êtes l'auteur d'une thèse exigeante sur le plan du contenu comme de la forme et vous êtes intéressé par l'édition rémunérée de vos travaux? Alors envoyez-nous un email avec quelques informations sur vous et vos recherches à: info@editions-ue.com.

Notre service d'édition vous contactera dans les plus brefs délais.

Éditions universitaires européennes
est une marque déposée de
Südwestdeutscher Verlag für
Hochschulschriften GmbH & Co. KG
Dudweiler Landstraße 99
66123 Sarrebruck
Allemagne

Téléphone : +49 (0) 681 37 20 271-1
Fax : +49 (0) 681 37 20 271-0
Email : info[at]editions-ue.com
www.editions-ue.com

www.ingramcontent.com/pod-product-compliance
Lightning Source LLC
LaVergne TN
LVHW042340060326
832902LV00006B/291